絵を聴く保育

自己肯定感を育む描画活動

中山ももこ

かもがわ出版

保育園の四季

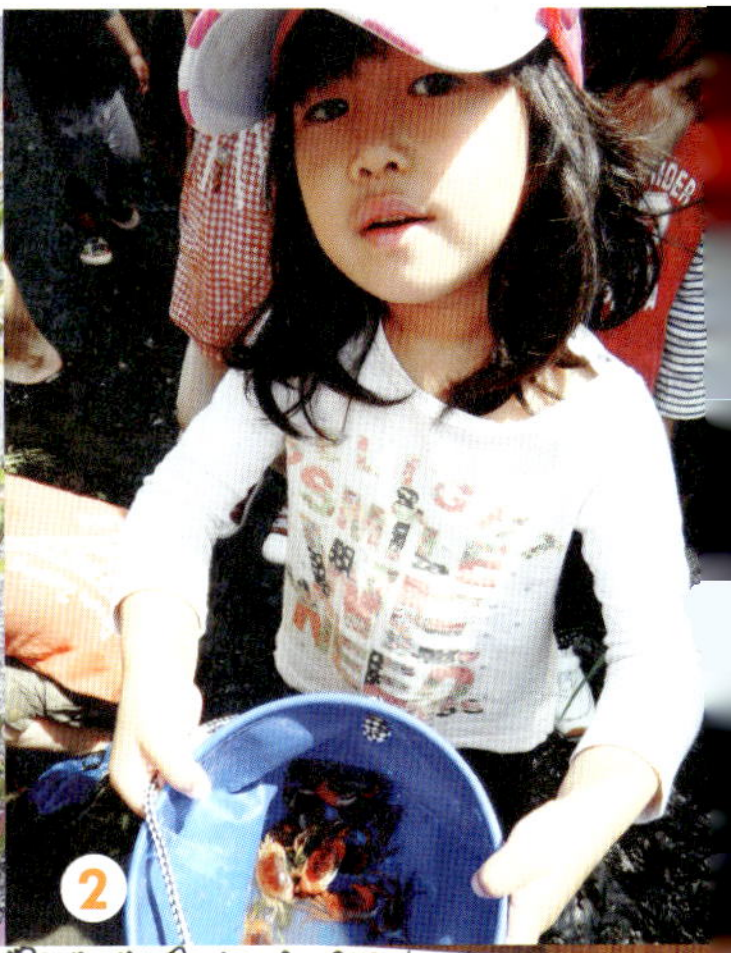

①②川遊びは、楽しい。カニをつかまえたり、魚をつかまえたり、イモリにカエル、オタマジャクシも友だち。地域の自然の中でのゆたかな体験が、子どもたちを育てます。
③川遊び３日目でやっとつかまえたカニ。うれしそうな絵。
④⑤プール遊び。バタ足泳ぎがじょうずになった絵。後姿を描いています。

2

1

4

3

6

5
てんぐは、ほいくえんのともだちのあたまをよしよししよった。じぶんのところにきたらどうしようとおもって、これ

①足をしっかりふんばって演奏したＲちゃんの絵。　②夕涼み会の和太鼓演奏。　③みかん狩りに行ったとき、紅葉した山を見て、ぬり方を工夫したＮちゃんの絵（105 ページ）。　④彼岸花と稲穂と秋空の下で。　⑤「天狗に頭をよしよししてもらい、じゃんけんをして勝って、天狗にもらったお菓子を食べて、力がついた」５歳児クラス。　⑥薪とり。金比羅山から二宮金次郎スタイルで山を下りる。　⑦「スーホの白い馬」の劇あそびを成功させた子どもたち。　⑧泥田遊び。地域の方々のご厚意で、田植え前に遊ばせてもらう。感触が楽しい。　⑨「森は生きている」の劇の一場面。４月の神様が１時間だけ時間を与えてほしいと懇願している。　⑩節分。赤鬼との対決シーン。

描画風景

①はじめてのおえかき。　②２歳児クラス。地面に枝で描く。　③口紅式のクレヨンで描く。（２歳児クラス）　④お顔を描き始める。（２歳児クラス）⑤タンポ筆で描く。（２歳児クラス）　⑥「若い月たちの歌」の共同画に彩色。　⑦「あとでお話をきいてもだいじょうぶ」二人並んで。（３歳児クラス）⑧共同制作として紙芝居の一場面を描く。（５歳児クラス）　⑨⑩ごはんの後、友だちと描く。（４歳児クラス）

５歳児の集大成

①「若い月たちの歌」の共同画。４人で描いた。　②卒園記念制作。「森は生きている」の下絵を描き、タイル画で仕上げた。　③沖縄民舞「あしびな」を踊った子どもたち。　④ふるさとの自然。5人で描いた共同画。　⑤アルバムの表紙絵。「野球選手になる夢」　⑥アルバムの表紙絵。「12 月の歌」

まえがき

保育者のみなさん。子育て中のお父さん、お母さん。

子どもたちにお話があふれるすてきな絵を描いてもらいたいと思いませんか?

豊かな描画表現ができる子どもたちの内面には、これからの未来を拓き、たくましく生きていくのに必要ないろいろな力が育っているのです。

私には、4人の子どもがいます。子どもたちが通う保育園に再就職したとき、長女は年長組、長男は年少組でした。さらに、在職中に2人の子どもが生まれました。出産によって保育士として出遅れた思いを持った27歳。臨時職員として6年ぶりの職場復帰でした。

「子どもたちが夢中になれる発達を促す遊びってどういう遊びなの?」「各年齢の子どもの成長発達の援助はどうすればいいの?」と、久しぶりの保育に戸惑っていたとき、先輩保育士が高知の保育運動を進めている勉強会「南国サークル　やまもも」に誘ってくれました。ちょうど、絵画の実践を展示する絵画展が開催されていました。そこに掲示されている絵を見たとき、「保育園児がこんな絵を描けるんだ!」と衝撃が走りました。しかも、全員がすてきな絵を描いているのです。毎日どんな保育をすれば、全員がこんなすてきな絵を描く子どもに育つのだろうか。私は、好奇心でいっぱいになりました。

翌年、「美術教育を進める会」の全国大会が高知で開催され、「子どもの発達と描く活動」の講座がありました。そこで、はじめて新見俊昌先生の話を聴き、

「絵は、聴くものなんだ！」

「絵と発達は密接に、関連しているんだ！」

「豊かな表現は、豊かな生活から生まれるんだ！」

「毎日描くことが大切なんだ！」と目からうろこが落ちました。

全国から持ち寄り、掲示された一枚一枚の絵の中にあるお話がとてもかわいく、いとおしくて、担任の保育士さんの愛情、熱意さえも伝わってきました。感動した私は、「よし、すてきな絵を描く子どもたちを育てよう！」と、豊かな生活づくりと、子どもたちの絵のお話をしっかりと受け止め、共感できる「絵を聴く保育」を目指しました。

決意の日から、波乱万丈の24年の月日が流れました。

この本を書こうと思ったのは、描く活動の理論と実践が結びつき、絵が苦手な保育者や保護者でもわかり、おえかきの悩みの解決やきっかけになる本を「私が欲しかったから」です。悩みながらも、子どもたちに絵が大好きになってほしいと願っているみなさんに読んでもらい、まずは一歩「絵を聴くこと」からはじめてほしいのです。

13年前、2歳児クラスの担任をしていたときの私は、生活の中に描く活動を根づかせようと必死で、子どもの気持ちをそっちのけで絵を描くことを無理強いしているのではないかと、どこか後ろめたく思っていました。新卒の保育士に描いていない子どもたちを任せ、あわただしい毎日でのおえかきの実践でした。

お昼寝の時間になり、おえかきを中断して、「起きてからまた描こうね」と約束して子どもたちに布団に入るように言いました。

そのとき、「ぼくも描いてない」「描いたけど、もう一回描いていい？」という声の次に、「**もせんせい、何描いたの？って聴いてよ！**」と言われて、ドキッ！としました。「聴いてよ！」とねだるその言葉で、「子どもたちも聴いてもらいたがっていた！　楽しいと思っていたのだ！」とうれしくなり、その言葉が描く活動への確信と感動を与えてくれました。

そして子どもたちの絵の話を聴き、言葉のキャッチボールをしながらイメージを共有し広げることで、子どもたちは言葉も豊かになり、「お話がいっぱい」のすてきな絵をどんどん描いてくれました。私も自信を持って、描く活動を続けられるようになりました。

こうして、「豊かな生活」「仲間と響きあう生活」を目指して、日常的な「生活を表現につなぐ」活動を大切にした保育の結果、みんながおえかきを大好きになっていきました。本書は私にしか伝えられないエピソードいっぱいの記録です。

もくじ

序章　描画の発達段階

発達図について

絵と発達は密接に関連しています。美術教育を進める会では、その関連を「発達図」（『第52回全国図工・美術教育研究大会要綱』ＰＰ10―11）にまとめています。その内容は、今も深めようと研究が続けられています。

発達図とは、障がいの有無にかかわらず同じ道筋をたどる描画の発達過程を、図にしたものです。多くの実践をもとに明らかにされた図で、実践をする上で指導者たちの指針や励ましになるものです。

発達図は汽車のイラストで、描く活動の「手の働き」と「ことば・イメージ」の関係を示しています。今回は、それをもとにして、私流に発達図を作成しました（次ページ参照）。それぞれの発達段階で実際に描かれた絵を、10、11ページに紹介しています。

3歳児 3歳〜4歳11カ月ごろ	4歳児 4歳〜5歳11カ月ごろ	5歳児 5歳〜6歳11カ月ごろ
頭足人を描く ともだち大好きの時期	仲間に気づき、自分に気づく いいとこ探しでみんな「名人」	自己肯定感が育っていく 仲間と心をひとつにできる

→ **羅列期** ↔ **図式的構想表現の時代**

→ **頭足人の時代**　**カタログ期**　**お話（文脈・関係）**

自分の時代　→　**仲間を意識する**　→　**仲間を組織する**

⑦　⑧　⑨　⑩	⑪　⑫	⑬　⑭　⑮　⑯
・友だちと2〜3人で描く ・みんなで遊んだ体験を描く	・並んで描く ・「まねっこしていいよ」 ・ファンタジーの世界を描く	・共同画、共同制作、絵の具を使う ・生活、感動、物語を描く
・ごっこ遊びができる力を ・遊びの楽しさを語れる子どもに ・自己主張、「やりたがり」の気持ちを引き出す ・一定量描くと、思い切りのいい線が現れる	・友だちどうしで励ましあい、認めあうクラス作りを ・楽しさを画面いっぱいに表現する子どもに ・「形遊び」の絵から感動、イメージを伝える自分なりの絵の表現に	・仲間の大切さを知り、育ちあえる集団作りを ・「こうしたらもっと楽しくなる」と、見通しをもって工夫する ・表現の充実期、生活の感動をいきいきと表現する

	0歳児 2カ月～1歳11カ月ごろ	1歳児 1歳～2歳11カ月ごろ	2歳児 2歳～3歳11カ月ごろ
特徴	手・指をつかい脳が成長 感覚（感触）遊びが大切	「いや」「じぶんで」の時期 「Ｉ」の字を描いて育つ	「どうして、なんで？」の時期 伝える喜びが育つ

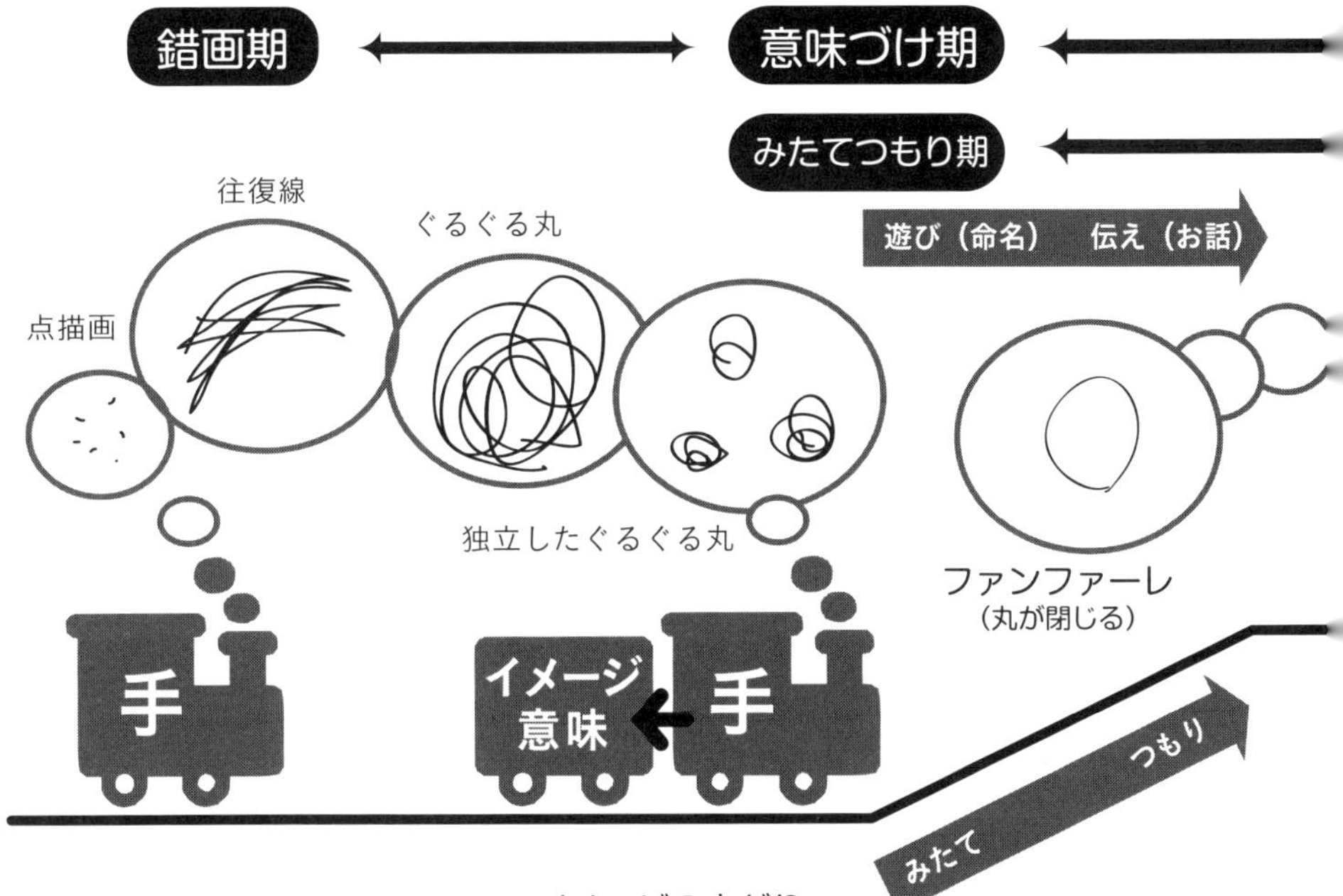

10、11頁図

イメージの広がり

	①　②	③　④	⑤　⑥
実践	・はじめてのおえかき ・てんてん、往復線	・Ｉ対Ｉで先生を独り占めして描く ・ぐるぐる丸は絵の笑顔	・みたてる力、聞いてほしい（共感、対話） ・○が閉じる。表現の幕開け（ファンファーレ）
要点と配慮	・おとなへの信頼と安心を基にした情動活動を ・いろいろな素材に働きかける（砂、水、粉、ゼリー等）活動を	・自ら「～したい」と要求できる子どもに ・探索活動、楽しさがいっぱいの会話 ・単に命名するだけでなく、絵にお話を付けながら聞く	・見立て、つもり活動の充実期 ・描くことは「先生とお話すること」 ・描いたあとではなく、描きながら対話する ・伝えながらイメージを広げる

⑨　頭足人のお芋掘り

⑩　頭足人のみかん狩り

⑪　羅列的表現による天狗

⑫　カタログ期のお店屋さん

⑬　展開表現のカレーパーティ

⑭　基底線表現の魚取り

⑮　複数の基底線による表現

⑯　コマ大会　前、後、横姿

発達の節目の絵

①　点鋲画（てんてん）

②　ノンストップピストン運動（往復線）

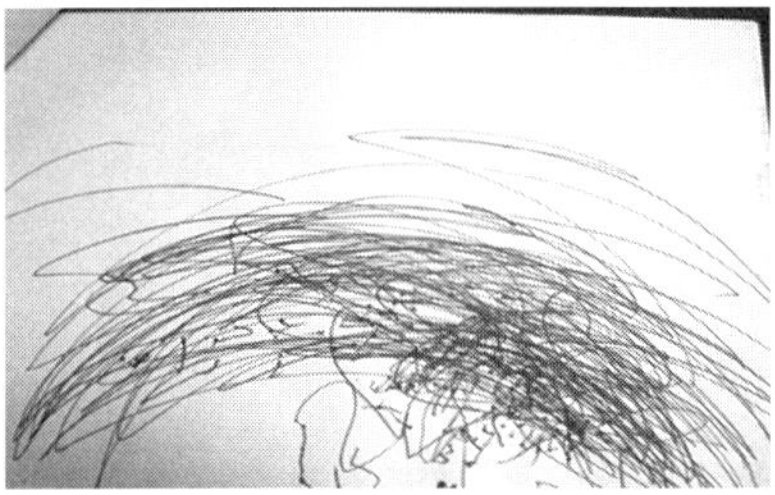

③　「ぐるぐる丸」は笑顔の絵

④　独立した「ぐるぐる丸」

⑤　丸が閉じる（ファンファーレ）

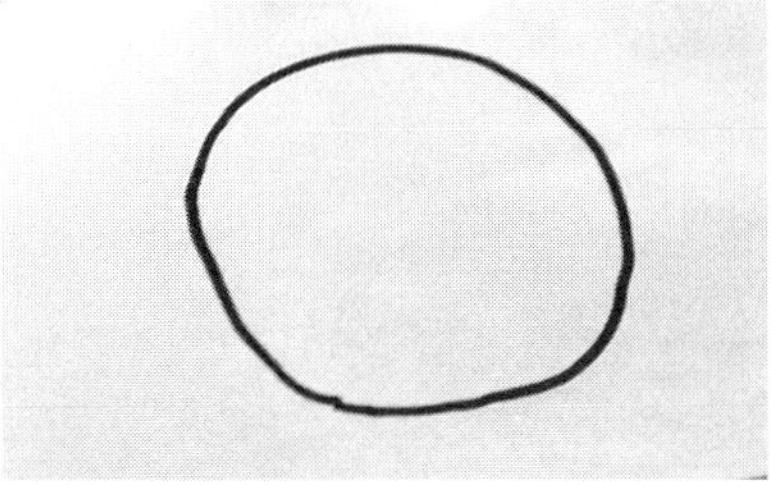

⑥　ひびけファンファーレ

⑦　「顔の時代」

⑧　線と頭足人の個性的な絵

図を見る際、**クラス名、月齢は目安と考えてください**。描く活動の経験の有無や、表現の能力に個人差があるからです。また、子どもは信頼関係がないと描かない、描けないこともあります。年齢は、そのクラスの4月〜翌年の3月までのあいだに存在する年齢を書いています。

発達図の見方

絵の発達とはどういうものでしょうか。

たとえば、目安として1歳では点々や往復線を描き、2歳ではぐるぐる丸をなぐり描きし、丸を何かに見立てて「名前」をつけるようになります。

3歳になると、「お顔」に見立てた丸から足の生えた「頭足人《とうそくじん》」で友だちをいっぱい描きはじめ、行為（〜したよ。など）を描くようになります。

4歳では、形をまねて描き、顔と足のあいだにお腹を描き始めます。

5歳では、地面を表す「基底線」によって一つの画面にお話をまとめて描きます。

それぞれの発達の詳しい内容は、2章で各年齢の実践とともにご紹介しますが、描画の実践では、焦って形を教えるのではなく、発達図を見て、「もう少しで丸が閉じる年齢だわ」などと、子どもの今の姿にふさわしい発達を促すことが大切です。発達図は、そのときどきの描画活動を考えるためのヒントになります。

ハイハイがまだできない8カ月くらいの赤ちゃんを、歩行器に入れて一人で移動する遊びをさせたとします。その赤ちゃんは、ハイハイをせずに歩き始めたりします。しかし、よく転ぶ、転んだときに手をつかないで顔にけがをするなどの足腰の弱さやバランスの悪さなどの発達の歪みが出てしまうでしょう。

ハイハイすることが歩行を始める前段階ではとても大切で、それと同じように、描画活動でも、身体的にも精神的にも1歳は1歳なりの、2歳は2歳なりの大切な発達段階があります。子どもの発達を縦に引っ張りあげるのではなく、横に広げ太らせて、次の発達段階の基礎固めをする必要があるのです。そのためには、指導力のある保育者・教師と、保護者をはじめとするおとなたちが、子どもの生活体験を多様で豊かにし、その年齢らしい発達を大切にすることが重要です。

第１章　描く活動の意義と方法

1　子どもの描画の意味

発達と思いを伝える優れた表現手段

子どもたちにとって「絵」とは、なんでしょうか？　そもそもすべての子どもの絵は、芸術として鑑賞する「絵」とはちがう意味を持っています。子どもの絵は「言葉やお話」であり、描くことは「遊び」なのです。

動画や写真で子どもたちのかわいい姿は残すことができますが、子どもたちの内面を記録することはできません。しかし、言葉を話すことができない乳児期でも描いた点、線、ぐるぐる丸などの絵や、描く道具の持ち方、筆圧などから、発達の状態や子どもたちの心を知ることができます。子どもの絵をとおして、子どもたちの内面を記録でき、「先生はあなたの言いたいことがわかったよ」と、共感できます。それだけでなく、絵を聴くことで、嫌なことはすっきり吐き出して、うれしかったことは再確認して喜び、聴き手との信頼関係が深まります。

すべての子どもたちにとって絵は、発達や思いを伝えることができる優れた表現手段であり、「子どものすべてを表す言葉」と言えるでしょう。

どのように絵を聴くのか

では、どのように絵から子どもの言葉を聞き出せばよいでしょうか。

絵を聴くとは、描く子どもと1対1で保育者が「何を描いたの？」「そうだったね」「どんな気持ちだったの？」と会話を膨らませ、紙の上で遊ぶように描画をすることです。保育者は保育のなかで一緒に体験した共通のイメージをもとに、受付のような質問攻めにするのではなく、肯定的な言葉をかけながら、子どもの描画の世界を広げます。

描く活動の環境設定として、保育者は子どもの隣に座るようにします。1対1といっても、実際は数名の子どもがそばにおり、完全に部屋で保育者と子どもが1対1で行うのではありません。また、早く全員に描かせなければと焦らず、今日は3人とか、4人とか、毎日少しずつ積み重ねていくことが大切です。その積み重ねの中で、子どもの育ちとともに、子どもたちと保育者たちのおえかきのルールも作りながら続けることが、生活の中に描画を定着させることにつながります。絵の順番を待つことができ、友だちに順番を代わってあげることができる子どもになるには、そのような子どもに自然になっていくのではなく、積み重ね育てていくことが大切です。また、日ごろからよく話を聞きおしゃべりする子ども、よくお話を聞いてあげる保育者になることで、絵のお話も豊かになります。

いつも絵の隅に、日付と名前と子どもから聴き取ったお話を、鉛筆で書き込みます。一枚の絵が、子どもの絵とお話しのメモで完成しているのです。この本を出すことになり、20年前の絵と再会しました。そこには、「これ、鬼の絵で、せんせい、いっぱい描いたから（絵）、いっぱい書いてね（絵のお話のメモ）」と書かれており、タイムスリップしたかのようにそのときの保育の状況が蘇りました（34ページ下図）。これこそが、子どもの思いと発達を伝える優れた表現手段の証だと思います。

「じゅんばん じゅんばん」
「次は私よ」と待っていると順番が来ることを知っているHちゃんは、もう2歳後半。丸が閉じている。

乳児クラスの描く活動

乳児クラスを担任すると、「1対1でのおえかき」を保障するためには、工夫がいります。担任どうしが描く活動の大切さを共通理解して、日常的に「描くこと」を取り入れることが大切です。基礎となるのは、「先生にお話を聴いてもらうおえかきは、とっても楽しい」という気持ちです。

また、手の動きよりイメージが先行しはじめる2歳児クラスの子どもたちと1対1の描画活動を充実させるために、待っている子どもたちに対して、3つのことを心がけてきました。

1つ目は、順番を待てることです。

「1対1の対話・描く活動」を定着させるには、一人の対話・描く活動をしているあいだは、他の子どもたちが順番を待てることが必要です。順番を待てるようになるには、積み重ねによって、「待っていたら必ず順番がくる」という信頼関係をつくらなければなりません。「○○ちゃんの次は、○○ちゃんだよ」と理解できるように声をかけ、その約束は守るようにします。すると、満2歳になるころには待てるようになります。

2つ目は、順番を待っているあいだの「一人遊び」を考えることです。たとえば、パズルなどは子どもが黙々とくり返し取り組めるので、お勧めです。絵本

「どんな絵描いてるの？」集まってくる子どもたち。

を読んだり、ままごと、粘土遊びなどもよいでしょう。

3つ目は、順番を待つ子どもによる、描いている子どもへの関わりの対処です。

順番を待つ子どもが、描いている子どもの横にきて、絵の話に参加して盛り上がることや、描いている子どものまねをしたり、「僕のことも描いて」とリクエストすることがあります。無理矢理引き離す必要はありませんが、そのおしゃべりによって描いている子どもが集中できない場合や、順番を待つ子どもが自分に興味を向けようとするおしゃべりは、「あとでね」などと言って待たせましょう。

3歳児クラスのころには、1対1での描く活動の積み重ねがある子どもたちは、友だちと2、3人で話しながら描きます。私は一人担任だったので、画板や紙、マーカーなどを子どものとりやすい場所に置き、すぐ描ける環境設定をしていました。描いているときに話が聴けなくても、あとで聴くようにしていました。

絵は聴くことこそ、重要

1対1で先生を独り占めして描く時間は、子どもたちにとっても保

「ピーマンマンの劇を見た」
「これピーマンマン、これはSちゃん(自分)、お友だち… はらいたばい菌、のどいたばい菌」みんな少し困り顔。描いているとき、「そうか、そうなのね」といっしょに劇を観た保育者が相づちをうつことで、見立てが、つもり活動へと変わっていく。2歳児クラスの10月の絵

育者にとっても楽しいひとときです。描く活動を日常的に保育に取り入れると、子どもたちは2歳は2歳なりに、3歳は3歳なりに、丸、線、点で思いを表現します。ぐるぐる丸を描き始めた1、2歳児クラスの子どもたちは、少しずつ描いた絵に名前を付け始めます。それが「見立てる」という活動です。あっさりいえば、聴かないとわからない絵を描く時期なので、子どもが絵を何に見立てたのか聴き取り、共感しながら適切な言葉を返します。それによってイメージを膨らませ、紙の上で話したり遊んだりして、「こういう場面を描いたつもり」になります。

「いつも、ぐるぐると描くばかりで、進歩がない」「丸は描くけれど、目や口は描かないから教えたほうがいいですか？」と相談されたことがあります。絵を表面的な形で判断していると、子どもの絵に表現された内容と発達段階を見逃してしまいます。

大縄とび。「先生がまわしゆう。ぼく 20 回も跳べた」。できた喜びを伝えようとしている。お話は、とても豊かである。保育者と子どもとの関係のみを描いている。5 歳児クラス 4 月の絵

エルマーと 16 ぴきのりゅうの脱出。上の絵と同じ子どもの 11 月の絵。りゅうがラッパや笛をいっせいに吹いて、エルマーと脱出をする作戦の場面を構成し、描く力がついている。りゅうの兄弟の模様のちがいや、驚く人間も描写している。

また、2歳児に「せんせいが描いてよ」とせがまれ、アンパンマンなどを描いて、形を教えている場面に出会うことがありました。乳児期に形のまねをさせたり、形を教え込むことは、子どもの表現のプラスにはなりません。むしろダメにする可能性すらあります。なぜなら、形をまねさせることに「イメージの広がり」「見立てる楽しさ」「伝える喜び」がないからです。おとなの顔色を見たり、萎縮してしまったりして、思い通りの絵を描くことに抵抗を感じることにもなりかねません。

発達図で示した劇的な変化のある、閉じた丸で語る前後の子どもには、特に1対1で、子どもの描いた線や丸一つひとつの「見立て」に共感しながら、「絵を聴く」ことこそ重要なのです。

幼児期の絵は、作文の前段階

言葉を話せるようになると、「これお母さん」「おいも」と、描いた絵を名詞で命名していただけだったのが、しだいに「カエルをつかまえた」「お友だちと手をつないだ」と、動詞が出て二語文になっていきます。それから、「こう思った」「昨日、こうした」「こうだったらいいのに」などと、時間、空間に自由に思いめ

「もも先生はピアノ弾きゆうとき楽しい?」「えっ?　楽しそうやった?」「めっちゃ楽しそうやき、そう思うが。音楽がね、ピアノからどんどん出てきゆう。Rちゃんは、あまがえるの歌が大好きなが!!」

ぐらせて、感想なども交えながら、描いた絵のお話を伝えるようになります。このとき、保育者には子どもの話を聴いて、思いを引き出すテクニックが必要となります。それによって子どもたちは会話を膨らませ、イメージを膨らませていきます。

保育の場では、子どもと活動をともにし共感できる担任が、そばで聴いてやることがいちばんです。話を整理し、描きたいことの主題を絞る手伝いをすることが重要です。描きはじめて、「あれ？　何描いていたかな？」と子どもが悩んだとき、軌道修正をすることで、画面に一つの強い思いが浮き出てきます。

年長組になると、これまでの描く活動の積み重ねによって、一枚の絵に一つの物語をまとめて描きだします。それが生活画や絵日記です。それは、絵で綴る作文、すなわち、作文の前段階の絵ということです。また、絵本や物語の一場面を自分なりの表現で描くこともできます。

「コスモス畑にお散歩」
0歳は散歩カーに乗り、異年齢で手をつなぎ、散歩によく行った。5歳児クラス秋の絵

発達を理解することの重要性

私は0～5歳児までの全てのクラスで、描く活動に取り組みました。はじめは手探りで、子どもたちに絵を「とりあえず描いてもらおう」と実践を始めました。実践と

発達図のあいだを行ったり来たりして、経験を積むごとに、発達への理解と描く活動の重要性がわかってきました。

描画の発達は、障がいの有無に関わらず同じ道筋を通ると言われます。発達図から「この絵を描いているので、この発達段階ではないか」と推測できるようになり、それが次の発達の課題を見つけることにつながっていきました。「子どもたちは、すぐできる簡単なことより、やっと届く難しいことが好き」ということを感覚的に知り、発達図を参考に、発達にあった適切な課題の設定を心がけるようになりました。発達が理解できると、描く実践が楽しくなりました。

「絵」を見ながら、子どもの発達について確かめ合える

一枚の絵を前にして、保育者どうしで、「この子のことが気になるよね」と話し合うことがあります。前回の絵や数カ月前の絵を並べて変化を見ていくと、子どもの気持ちの変化が伝わってきます。「最近すごく表情が明るくて、楽しそうだよね」というときは、子どもは伸び伸びとした絵を描きます。1、2歳ごろのぐるぐる丸が大きく伸びやかに、力強く描かれているのを「絵の笑顔」と言い、そうい

伝える気持ちの少ない絵。4月のはじめに描いた絵は、まだ保育者との関係が薄く、描く活動の経験不足から、線の弱い、線に意味を持たない絵を描くことがある。これからがスタート。2歳児クラスの4月の絵

うときは、絵に楽しいお話があり、「描いたよ！」と笑顔で保育者とアイコンタクトをとる（「子ども・保育者・絵」の三項関係）ことが多いです。穴があくほど塗りつぶしたり、ぎざぎざばかりを続けて何日も描いたりする場合、その絵を「絵の泣き顔」と呼び、早急にその子どもとの関わり方を考えていく必要があります。家庭で嫌なことがあるとしても、長時間生活をともにしている保育者には、できることがたくさんあります。

関わり方を話し合い、対応を変えてからの子どものようすを話しながら絵を見ると、伸び伸びとした表現に変わっているということが何度もありました。描画はときには、保育者の反省材料になり、その反省を踏まえた保育の成果の表れを知らせてくれます。

私が参加している「絵を持ち寄って勉強する会」（美術教育を進める会・高知サークル主催の月例会）では、子どもの絵（表現）を保育士・教師・研究者などで見ながら、子どもの発達を確かめ合い、保育者の実践に共感し合い、率直に日々の保育の悩みを出し合います。そこでの話し合いが、次の保育につながっていきます。絵は、たくさんのことを教えてくれる、子どもからのメッセージなのです。

ぐるぐる丸が楽しい絵。まだイメージより、描く行為（運動）のほうが先行している絵。エネルギーがあふれて紙に穴があきそうな勢いから、足腰はしっかりしているが、見立てることはまだ出来ていないことがわかる。この時期は、「何を描いているのかな？」など、言葉を添えて聴くことが大切。2歳児クラスの5月の絵

たとえば、1歳児クラスでは、足腰が弱いと描く線の筆圧が弱いことがあります。そこから、もっと戸外で元気に動き回る遊びやお散歩に行こう、と計画を立てます。感触遊びをすることも大切な手指を使う活動です。

あまり手をかけてあげられず、絵を積極的に描かず、少し描いてすぐにやめ、ひょろひょろと見立てのない線で、お話がない絵を描く子どもがいます。そういう子どもは、保育者と目が合わなかったり、表情が乏しかったりします。そんな場合は、話しかける機会を増やしたり、一緒に好きな遊びをしたり、あやしたりすることを増やそうと、みんなで意見を出し合うのです。絵があれば、具体的な手だてを考えるきっかけになります。

また、勉強会などで他の保育園の先生と、絵を通じて「以前はこんな絵を描いていたけれど、関わり方を変えて、子どもの絵も子ども自身も変わったよ」と学び合うこと

「花の木公園ですべりだいをした。みんなで、こける（転がる）滑り台でビューってすべったりが、おもしろかった」２歳児クラス３月

上の絵を描いたＫくんの入園当初の絵。お母さんが仕事を始め、はじめての保育園。じっとおとなしく、みんなのすることを見ていた。２歳児クラス４月

もできます。小学校、中学校、高校の先生からは、現在の子どもの抱えている問題や子どもの姿など、教育の現状を教えてもらうことができます。子どもの少し先の未来、中学生くらいになったときの未来を考えながら、今しかできない、今だからできる活動を積み重ねていく必要があります。

「井の中の蛙」にならずに、いろいろな会に足を運んで視野を広げることが大切です。絵を見て仲間と学ぶことで、日々の保育の再確認をしていけるのです。

絵が育くむ自己肯定感

豊かな生活の中、描く活動によって伝え合う喜びを知って育った子どもに「絵嫌い」はいません。子どもたちはイメージを膨らませて、絵によって表現することが「歌を歌うように、砂場で遊ぶように」あたりまえのことになっているからです。描く活動を敷居の高い芸術としての創作活動から、身の回りのことをさっと描く普通のことへとバリアフリー化することで、おしゃべりもできて、話も聴ける、認識力の高い子どもへと変わっていきます。

歌うように描き、気軽に身近に描く活動ができるようになると、子どもたちの表現は

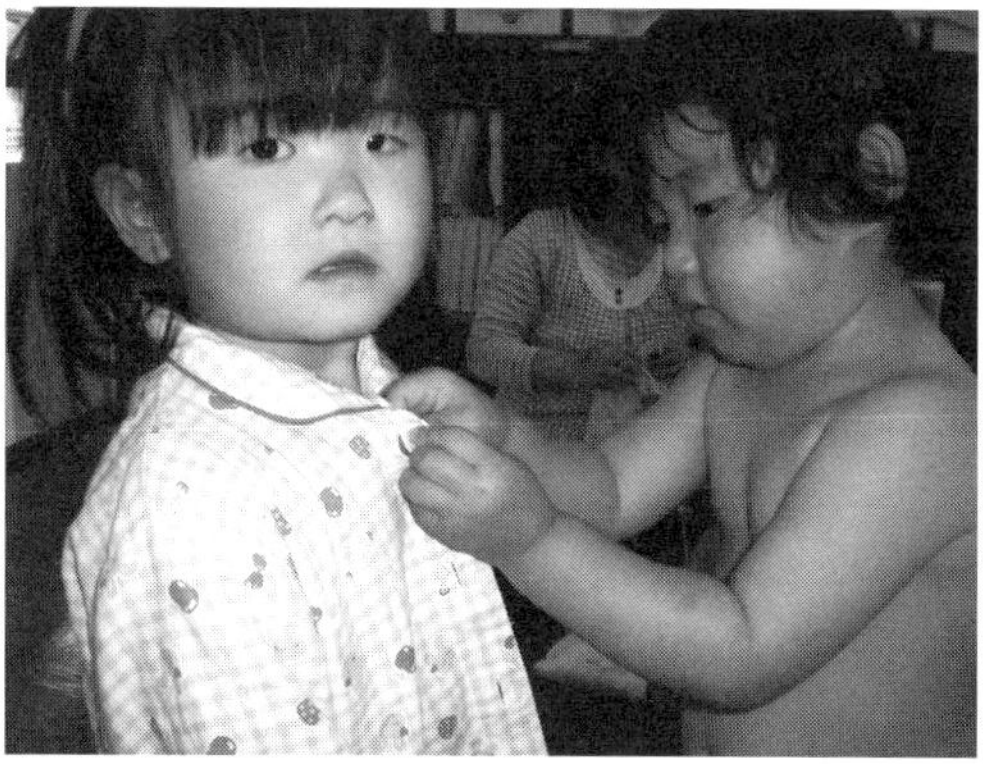

「ぼたん、とめてあげる」
２歳児クラスはお世話好き。

どんどん豊かになっていきます。表現したことを聴いてもらい、認められることは、「その子ども自身を認めること」です。子どもにとって先生やお母さん、お父さんなど、「信頼しているおとな」に褒められ認められることが、何よりの心のごちそうです。

幼児クラスでは、「友だちに認められる」ことも大切です。そんな機会は、多ければ多いだけいいのです。こうして育つ力は、これからの児童期を元気に生き抜く力の源となる「自信の感覚（自己肯定感）」につながります。

私が保育士をしてきた中で誇りに思うことは、描く活動で子どもが確かに変わり、成長し、「自分が好き」になっていったことです。この実感は、絵を描くという行為からだけではなく、その過程の子どもたちとの毎日の保育の中からも、絵に表されたお話や表現からも確かめることができました。

自分に自信が持てるということは、他者に優しくできることにもつながります。さらに「失敗は成功の元」「やればできる」と信じて難しい課題に挑戦する力も育ちます。

2 豊かな描く活動を育む条件

豊かな表現は豊かな生活から

描く活動が育むさまざまな力について、新見俊昌先生は著書の中で、「ゆたかな表現を生み出す基盤は、なかまとひびき合う、心はずむ生活です。生活に根ざした感動と胸の思いを伝え合い、自らの手でものをつくりあげる活動を通して、ゆたかに感じる心（感性）と深く読みとる力（認識）、思いを伝える力（表現力）、つくりだす力（創造力）が育っていきます。描きあげ、つくりあげたよろこびは、子どもたちの生きる力を大きくはげまし、〝やればできる〟という自信は、学童期の学習意欲につながります」（『子どもの発達と描く活動』かもがわ出版　ＰＰ８―９）と述べています。

「楽しい活動の後は、楽しい絵が描けるよね」という実感を持つ人は多いと思います。川に魚やおたまじゃくし、カエルをとりに行ったり、山菜採りの散歩に行ったときは、よく全員で描く活動を取り入れました。「あのとき、お魚が逃げたよね」「そうね」と、対話と共感のやり取りで絵が仕上がっていきます。砂場で水を流して遊んだり、かけっこをがんばったときなど「あたりまえの生活」の中にも伝えたい思いはあります。天狗やかっぱ、鬼などの空想の世界を共有して遊んだあとや、行事やその過程で描いた絵も、お話がいっぱいです。それは、子どもたちの伝えたいことがいっぱいだからです。

ただ、描く回数が少ないと、子どもたちに「絵は思いを伝えるものだ」という意識が育ちません。描く回数を重ね、保育者と子どもが「またお話して描きたいね」と喜びあえるようになったとき、「伝える喜び」は育っているのです。

自然や伝統文化の中で育つ

ここで、豊かな生活と、仲間とひびき合う心はずむ生活をつくるために、私の保育園が取り組んできた特徴的な保育や行事、自然環境や地域の特性を生かした活動について紹介します。

自然に恵まれていることは、それだけでも子どもたちに豊かさを与えてくれます。5歳児クラスの卒園文集を作る過程で、子どもたちに楽しかった思い出を聞くと、「たけのこほり」「柿狩りに行ったこと」「清宝山に登ったこと」「川で魚を捕まえたこと」「天狗と握手したこと」などの話が多く出ました。

焼き芋パーティでは、畑に芋のつるを植えて芋ほりをし、たきぎを山にひろいに行きます。二宮金次郎スタイルで担いで帰ってきます。

赤鬼が住むといわれている清宝山には、2時間かけて登ります。

山にたきぎとりに行った。

そこから故郷の風景が広がります。また、この地域には牧野富太郎博士の愛したバイカオウレンの群生地もあり、見に行きます。

季節の野菜を植えて食べる「食育」にも取り組んでいました。

私の住む高知県佐川町の斗賀野地区には、11月に白倉神社の秋祭りがあり、地域の方々が保育園や小学校の子どもたちを招いてくれます。２人の天狗様が登場し、伝統の「花とり踊り」や餅まきなどで楽しませてくれます。この機会に子どもたちは、天狗様から「がんばる力」をいただくのです。その力は、描画にもすぐにあらわれ、絵が複数の基底線のある構図に変わってきます。

行事を節にして育つ

年間の行事は、春の運動会からはじまり、プール開きからプール遊び、夕涼み会、運動会、お店やさんごっこ、節分、生活発表会（劇と踊り）と続き、どの取り組みもドラマがあり、それぞれ達成感があります。これらをきっかけに子どもは自

白倉神社の天狗様。５歳児クラスの絵

清宝山にみんなでのぼったよ。

信をつけ、絵も育っていきます。Yくんは延べ1時間くらいの時間を費やして、二日にわたり、綱引きの絵を描きました。綱の後ろに身体をうまく描いています（下右図）。構図のアドバイスをして2枚目に描いた絵（下左図）は、運動会のプログラムになりました。その集中力と認識力に感動させられました。

ファンタジーの世界とリンクする保育

園では、絵本の読み聞かせ、リズム運動、描く活動などの表現活動の他に、年長組の保育士を中心に、一年間のテーマを絵本の中から選んで決める取り組みをしてきました。保育園全体を舞台にして、テーマに沿って保育士はファンタジーの世界の主役、わき役になり、女優として、演出家として、保育園全体を巻き込んだ「ごっこ遊び」をしかけていきます。

幼児期の子どもたちは、そのときならではの「ファンタジーの世界」とのやりとりを楽しむ能力があります。ドキドキ、ワクワクを共有し、現実の世界と空想の世界を行き来できます。この力は偉大で、時として不可能を可能にする「魔法の力」となります。

「忍者がくれた豆を食べると力がでる」というと、たちまち腕の筋肉をみて「本当や！かっちかちや」。今までの恐怖心もふっとんで豆の力を信じ込みます。

毎年プール開きのときに、テーマとなる物語の登場人物が、お土産と巻物を持って現れます。『まゆとかっぱ』（富安陽子文／降矢なな絵）がテーマになった年には、かっぱが持ってきた「かっぱスナック」、『オズの魔法使い』の年には、ブリキさんがオズの国から届けてくれた「グリングリンジュース」など、お土産のネーミングにも趣向を凝らします。そして年齢に応じた課題が書いてある巻物も届きます。

水の中でも　へのかっぱ五箇条
「すいすいかっぱ（5歳児バタ足泳ぎ）」
「うきうきかっぱ（4歳児ふしうき）」

『まゆとかっぱ』の中の「みどりまる」が遊びに来てくれた。2015 年の夕涼み会

オズの国から、ブリキさんが持って来てくれたグリングリンジュースを飲んで、筋肉を見せ合う子どもたち。2013 年の夏、年長組

「ぶくぶくかっぱ（3歳児おかおつけ）」
「ぴちゃぴちゃかっぱ（2歳児水になれよう）」
「にこにこかっぱ（1歳児楽しくあそぼう）」

「シャワーきらいやったのに、お豆食べたき、平気になった」「かっぱスナックのおかげでお顔をつけることができた」という声が初日から響くのです。

夕涼み会では、一部屋をその絵本の世界に創りあげる「ファンタジー館」に、登場人物に扮した職員が現れ、合言葉のやりとりやゲーム、じゃんけんなどを子どもたちにしかけ、お土産をもらうという取り組みをします。

運動会ではマストのぼりのマストの上に、かっぱや天狗、忍者の絵や人形が飾られます。当日までに、子どもたちはそれらの登場人物と手紙のやり取りを何度もし、気持ちを高めます。

時には園のテラスに何者かの宴会の跡、足跡や手型があるという、不思議な出来事も起こります。子どもたちは知恵をしぼり、それらの謎に立ち向かっていきます。かっぱたちへの質問や手紙をどうやって届けようかなど作戦会議をする中で、仲間とのかけひ

プールでバタ足泳ぎ、もぐっている後頭部（後姿）を描き始める。

きや自己主張をし合い、自分の気持ちにも折り合いをつけながら、心をひとつにしていきます。

それらの出来事の一つひとつが「絵」によって描かれることもありました。「じゃあ、描いてみようか」と子どもから自然に言いはじめて、おもしろい物語が子どもの発想をもとにして展開していくのです。保育者は、その発想を生かした「しかけ」を考えます。

中学校・高等学校の現場から見たファンタジーの世界

幼児期に創られた豊かなファンタジーの世界は、あらゆる年齢の節目で大きな役割があるようです。9、10歳の節や思春期などに、心の中のファンタジーの世界に戻り、空想の翼を広げて表現することで、その節を乗り越えるエネルギーになる、乳幼児期からおとなへの連続した発達の中でも大切な世界だというのです。研究会では各年齢の教育現場で、「童話や物語のヒーローは現実にはいないとわかっても、どこかでそのヒーローの存在に頼りたいし、小さい子どもには信じて

『めっきらもっきらどおんどん』の仲間と、オズの国から来た、ブリキさん。胸に心が入ってる。

もらいたい気持ちってあるよね」と聞いたとき、私が実践してきた「ファンタジーの世界」の偉大な値打ちに気づきました。

京都立命館高校の美術教師、柏倉俊一さんは、高校の美術教育におけるファンタジーの大切さについて、次のように語っておられます。

「高校生になると、自分の理想と現実のずれ、恋や性のこと、自分っていったい何者？　とかなり悩むことがあり、そんなときにファンタジーやメルヒェンの心を持っていると、ずいぶん救われるようなのです。思春期でも、心の中にファンタジーの世界があると、いないことがわかっている妖精やヒーローが出てきて、自分の悩みを受け止めてくれたり、不思議な言葉や技、超人的な力で何とかしてくれたりします。そういうやわらかい、ふにゃふにゃっとした感覚で、ボワ～と時間を過ごすことができると、ずいぶん楽になるし、実際にその感覚と感性が作品として表現できるのです。

また、思春期になると、『ああしろ、こうしろ』と指示されるのではなく、自分の心に向かって話しかけ、答えを導き出していく（内言）力が育ちます。きっとそういう力は、1＋1＝2ではなく、1.5かな？　3かもしれない、とあれこれ考えるやわらかい発想

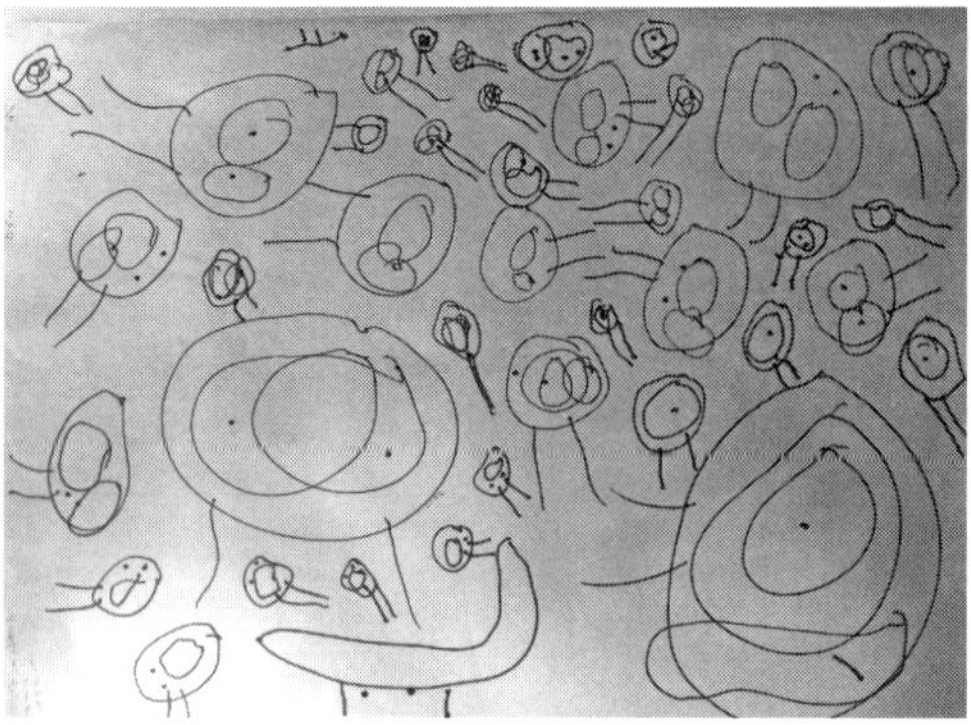

「鬼の絵の話、書いてね」
節分の日、鬼が来たのおどろいて目を丸くしている子どもたちと鬼。二本の角と、頭足人との区別がつきにくいが、これは鬼ばかりではない。一つずつ「いっぱい描いたき、いっぱい書いてね」と言いながら説明してくれている。2歳児クラスの2月

力が必要で、『あの子だったらこうかな？　この人はこんなふうにするに違いない』と仮の自分をどんどん想像していけます。心の中のファンタジーの世界は、そういう場所ではないでしょうか」

中学校の美術教師、宮川義弘さんは、「思春期は自己の再確立が課題。乳・幼児期に生まれてくる自我を、仲間の中で調整し、『ファンタジー』の世界へと導いていく実践は、思春期の心の揺れを深いところで支える力となってつながっているのだと感じている」とおっしゃっています。

両者は、幼児期のファンタジーの世界が、単に遊びや空想ではなく、人生の根っこになる感じ方や心の動かし方、体の感覚など、大事なものを育てるための重要な役割を果たしていると、中学校、高等学校の生徒の表現と思春期の姿に重ね合わせて教えてくれました。

絵本の読み聞かせ

ファンタジーの世界で遊ぶという活動の基礎となる絵本の選び方ですが、子どもたちのイメージがふくらむ内容であることが第一条件です。

「カニとザリガニの国」
「ここは、ザリガニとカニの国。くもりになったきね、カニがよろこびゆう。カニが、ラジカセ（右上）ならして、ちょうちんを飾ってお祭りするが。雨が少しふってきたね」
カニ取りに行った日、曇っていたので描いた想像画。踊りもお祭りも好きなTちゃんの絵。5歳児クラス6月

保育園からの絵本を貸し出す親子読書は、30年以上前から始まっていました。また、全員に、こどものとも社から出版されている「月刊絵本」の購読をしてもらい、毎日それを順番に読む取り組みをしていました。子どもたちは「今日は、○○ちゃんの絵本です」と自分の名前入りの絵本を読んでもらうことを楽しみにしていました。その結果、同じ絵本を月に20回くらい読むのですから、子どもたちは内容を覚えて一緒に声をそろえて読んだり、歌にしたり、「あたらしいところ発見した」と発表したり……一冊の本を深く楽しみました。「月刊絵本」以外の本も当番制で選んだり、私が選んだりして毎日、数冊読み聞かせました。特に人気だったのは『やまんばのむすめ　まゆのおはなし』（富安陽子作／降矢なな絵）のシリーズでした。『龍の子太郎』（松谷みよ子作／田代三善絵）や『エルマーの冒険』（ルース・スタイルス・ガネット作絵）、『ロボットカミイ』（古田足日作／堀内誠一絵）なども、大人気でした。0歳から絵本の読み聞かせをしていくことは、語彙を増やし、ひいては学力へとつながります。たくさんの絵本から多くの知識と想像力を蓄えていくとともに、本の登場人物が絵の中にも現れてきました。

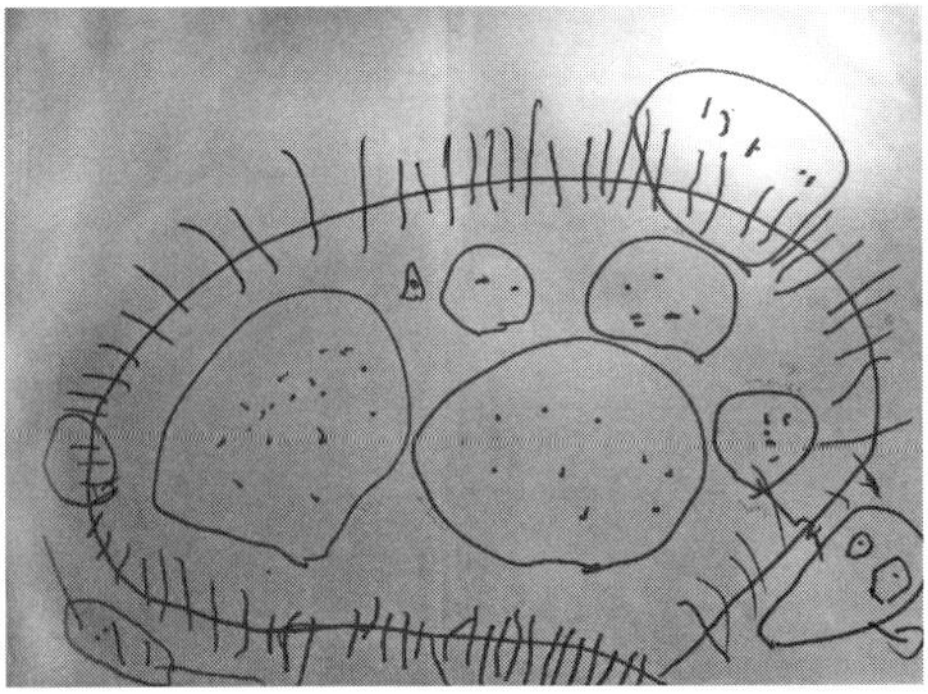

「しろくまちゃんのホットケーキ」
「できたよできた、よーいしょよいしょ白いのはあまいのじゃないけん、手をひろげちゅう。危ないき触られん。あっちっちになる。ももせんせいはひっくりかえしゆう」「ぶつぶつぶつ」「まーだまだ」お店やさんごっこでのクッキングをしたときの絵。２歳児クラスの11月

共感しあえる集団づくり　～朝の会～

さみしい、いたずらをして叱られた、大好きなお母さんから「早くしてよっ！」と急き立てられた、などの悲しいときはだれにでもあるでしょう。絵のお話を聴くとき、それらも含めて受け止める気持ちをもち、自ら考えさせることを意識してきました。

ある子どもから、「もも先生、今日はお友だちとけんかするし、ころぶし、給食のシチューをこぼすし、いいことない」と愚痴を聞いたことがありました。「先生も同じで。先生の家のお兄ちゃんは、学校に遅刻するって怒って、おはようも言わずに学校へ行った」。「嫌やったね」と子ども。「うん、嫌やったね」と私。「先生、今日は星占いがうお座は最低っていいよったけど、明日はいいと思うき、安心しや」。

相談を受けた私が、逆に慰められました。まずは、子どもの良いことも悪いことも丸ごと受け止めて共感することです。それによって気持ちに区切りをつけ、子どもたちは「先生のために」と考える優しさまで見せてくれます。日々の子どもとの会話に共感しあうことができると、子どもとの関係をも深めることになります。

心はずむ生活や仲間関係を基礎とし、「話したい」という意欲を育むことが、作文の前段階の力となると話しましたが、この力は、子どもと保育者だけにしかつくれないわけではありません。幼児クラスになると、毎日友だちとのあいだで日常の言いたいことを伝え合う「朝の会」をしています。この活動が、「仲間と心はずむ生活」を創りあげる大切な役割を果たしています。

朝の会で、「お友だちに伝えたいことはありませんか？」と当番が聴くと、手が挙がります。

当番が名前をあてて、みんなで発言を聴きます。そして「よかったね」「嫌やったね」「楽しかったね」などと、共感する言葉をかけ合うのです。

年中組になると、頭の中で言いたいことを整理して、「お話が2つあります」と前置きまでできるようになり、「今日、朝ご飯がさけのおにぎりだったのでうれしかったです。2つ目は、お天気がいいので外で遊べるのでよかったです」と2つのことを伝えられます。頭の中で考える言葉（内言語）ができているということです。思ったことを整理してお話ができるように成長しているのです。

さらに、最後に当番は一人ずつ意見を言います。当番は週1度くらいあたるので、おしゃべりが苦

「言いたいこといっぱい」
9時になると、当番が人数を調べて給食室に知らせに行く。その後、「朝の会」をする。仲間関係が充実してくると、友だちや保育士に共感してもらいたくて全員が発言できるようになる。

「トンボの誕生日」(朝の会にて)
お母さんと車で保育園に来ていたとき、川のふちのコンクリートの壁みたいなところにヤゴがくっついてならんじょった。それの一つからトンボが生まれよったが。かわいかった！

手な子どもでも、苦手を克服するきっかけになります。

この朝の会の「よかったね」「嫌やったね」こそが、共感の積み重ねとなり、友だちの気持ちがわかり、友だちの立場になって考える基礎を育てます。やがて、いろいろな問題を解決するための話し合いもできるようになります。クラス全員で会議を開き、けんかやトラブルの時には、双方の意見を聞き、解決法を考えたり、みんなが納得する遊びのルールを決めたりします。自分の気持ちに折り合いをつけながら相手を理解することができるようになります。保育者主導にはならずに子どもたちの意見を尊重して決めさせることが、子どもたちを生活の主人公にして、主体性を育てます。「朝の会」を積み重ねてクラス会議に発展する「共感のある対話活動」は、自分の思いや気持ちをしっかり伝える言葉の育ちと、その思いや気持ちや出来事を「描き伝える力」になります。また、「共同画」には、この仲間を組織する力が必要です。

「絵画製作」「音楽リズム」の両方を大切に！

以前の「保育所保育指針」は、今の5領域と違い、「絵画製作」（小学校で言う「図工」）と「音楽リズム」の項目がありました。1990年の改訂により、その2つが「表現」という1つの項目になりました。私が担任した子どもたちは、年齢によって多少の違いはありますが、一年間に50枚くらいの絵を描いています。いまは絵画製作が軽視され、年度末に持ち帰る絵の量が極端に少なくても問題にならないようです。そんな話を聞くと心配と同時に、こんな大事なこと、楽しいことを、どうして軽視するのかと思います。

私にとって、50回にもおよぶ子どもとの1対1のやり取り（言葉のキャッチボール）がつくり出す信頼関係の深まりは、何よりの喜びです。柔らかい魂を持つ子どものいきいきした発見を最初に受け止めるのは、保育者のすばらしい特権です。「絵画製作」「音楽リズム」を、保育の中に大切に位置付けていきたいと思います。

ところで、描画でも音楽でも問われる保育者の力量とは何でしょうか。描画では、「どうしておえかきが大事なのか」という理解が当然必要です。そして、何より「子どもたちをよりよく育てたい」という強い意志が、最も大事な力量でしょう。

「音楽リズム」でも同じことが言えます。音楽が好きでピアノのじょうずな先生と苦手な先生では、情熱の入れ方が違ってきます。リズム運動にしても得手不得手があります。

私自身、はじめて年長児を受け持ったころに、全国保育問題研究大会の音楽部会に参加しました。群馬の保育士さんたちが歌う「オキクルミと悪魔」などの数々の歌に感動して「同じ保育士なのに、私とは質が違う」とショックを受けました。身体から音楽があふれ出ているのです。それからは、「リズム」も子どもの発達にはなくて

丸山亜季さんとの公開リズムで「トンボ」をする子どもたち。

はならないものだと感じ、より意欲を持って音楽教育の会に参加するようになりました。群馬の保育士さんのように、「こんなふうに歌い、リズムができる子どもに」という憧れをもとにして実践をしていきました。「表現」という領域に結合されるようになっても、私は「絵画製作」と「音楽リズム」の2つの項目をつくって指導案を書き、どちらも大事にするようにしていました。

あこがれの実践を求めて、まずは模倣から

私は「もっと知りたい」と思い立つと、さまざまな研究会に行き、実践も発表してきました。今の一歩が踏み出せなければ、二歩目は永遠にありません。実践交流の場では、「吐き出した（意見を出した）分だけ、持って帰ることができる」と言われているので、参加をするときには、実践を持って参加することをお勧めします。「聞くは一時の恥、聞かぬは一生の恥」です。恥をかいたとしても、かいた分だけ自分の身になります。ほんの少しの勇気なのです。

これは、子どもたちの竹馬の練習と似ています。まずは「はじめの一歩」を練習し、「三歩進めたらすぐ、十歩できるよ」と子どもたちを励まします。子どもたちは、去年見た憧れの年長さんの姿を思い出して勇気を出して

挑戦します。

私たちも、先人の発達研究を学び、さらに深めていくのです。その著書と実践を土台にすることによって、進むべき方向が見えてきます。まずは「まねっこ」です。そのなかで、美術教育、音楽教育の師匠と呼びたい人や尊敬する人と巡り会えました。私の実践に共感してくれる仲間や研究者の方々と出会えたことも、宝となっています。

だれでもできる

私たちの得意なことは、絵や音楽、制作など、それぞれ違います。保育者も保護者も、がんばればなにもかもできるわけではありません。あるときは得意な人に頼り甘えることも、人間関係をよくするきっかけになります。

しかし、保育をするにあたって得意なことしかしません、というわけにはいきません。そこで、私の憧れの先輩は、「だれでもできる」ための3つの条件を伝授してくれました。

子どもも保育者も、みんなできる

①　時間
②　適切な指導
③　励まし

この3つがそろえば、いいのです。

受け持ったクラスの中には、すぐできる子どももいれば、理解が困難な子どももいます。そんなときは、待ってあげる「時間」と、わかりやすい言葉がけや視覚支援等の「適切な指導」をし、手助けもします。そして、「励まし」ます。おとなも同じです。この条件を満たせば、絵が苦手だと思っている保育者やお父さん、お母さんも、子どもたちの絵の世界を拡げ、人格の発達の手助けが十分できるのです。

「おえかきだより」を発行する　～園全体での描く活動へ～

私の保育園では、かつては描画の勉強会に数名の保育士で参加し、保育園全体で描く活動や保育内容の検討がされていました。しかし、正

おえかきだより

NO. 15　2014. 12. 15

年のテーマは「オズの魔法使い」。春から、ドロシーちゃんからの手紙が届いたり、プール開きにブリキさん、プール終いにかかしさん、運動会には、ドロシーちゃんとライオンさんも登場しました。お店ごっこでは、トトチーム、かかしチーム、ドロシーチームで力を合わせて大成功させました。

0歳児クラス　ひよこぐみ

はじめてのおえかき。ペンが付くたび保育士をみる。ねねちゃん11ヶ月

「うっうっうっ」と言いながら描く。1才2ヶ月

言葉が出始めたさくとくん、「ば…(バス)」などと言いながら描く。1才6か月

1歳児クラス　あひるぐみ
いやいやと自我が芽生えはじめたあひるぐみ。おしゃべりも多くなりました。

「じん(兄の名前)」と言いながら描く。やまとくん1才11ヶ月

…と描きながら「おとうさん」という。保育士が「ユンボーおった?」ときくと「ユンボー」と線をかく。「とうきゅうきしゃ」という。こうすけくん2才7ヶ月

2歳児クラス　りすぐみ
近くのいのししを見に行ったお散歩とホットケーキ作りを楽しみました。

「いのしし、おおきいろう?」まわりの友達もびっくり。りのちゃん3才7ヶ月

ホットプレートの上でホットケーキやきゆう。「みんなすわってみゆうが」しゅうごくん3才7ヶ月

3歳児クラス　すみれぐみ
いも掘り、やきいもパーティきっかけで、お店ごっこが楽しみになりました。

さくらぐみさんのお店においもを買いに行った。おいもパーティ。えいたくん　4才1ヶ月

「どうしてももちゃん(妹)はおいもほりいけんかったが?みんなで大きいおいもいっぱいほったね」ゆずなちゃん4才6ヶ月

4歳児クラス　ももぐみ
今年は、さくらぐみと三歳もみかんがりに行きました。おいしかったね。

みかんがりに行ったけど、はるくんはひとりで保育園におるが。みのりちゃん4才10ヶ月

長竹の片岡さんのみかん山にみかんがりに行った時の絵。すみれちゃん5才5ヶ月

5歳児クラス　さくらぐみ
絵の具での色付けもはじめました。秋の行事を楽しんでいます。

お店屋さん大繁盛　レストランでがんばったよ。あいちゃん!

何日もいけんかって、芋がふとりすぎてでっかくなったが。やせっぽちっちののびた芋もあるが。とんびもおいもほりゆうが。「みんな、あきらめるのははやい、がっぱってぬこうといいゆうが」ひかりくん

天狗と花とり踊り。ぼくと天狗がおすもうして僕が負けた。いつもの天狗とちがう感じがした。力がつよかった。あつやくん

みかんがりに行って、みんなでみかんをたべた。タイヤのアスレチックで遊んだのが楽しかった。りゅうとくん

天狗がひしゃくに水をくんで、かけゆうところ。牛賀野保育園の人がおみこしかつぎよった。あかねちゃん

職員としての新規雇用がない状態が続き、人が入れ替わり、臨時職員は学ぶ余裕もなく次々に辞め、描く活動が伝えられなくなっていました。

保育園全体で描く活動に取り組めるようにしたいと思い、その方法として「おえかきだより」を作り、全クラスの絵を数枚載せ、数カ月に一度発行することにしました。「おえかきだより」に各年齢（クラス）の絵を掲載することで、保育士がおえかきに取り組み絵を選んでくれることと、発達図と同じように育ちゆく子どもたちの絵が見られることに期待しました。その期待どおり、各クラスの保育士は積極的におえかきに取り組み始めました。私も、絵日誌への取り組みをはじめた幼児組の保育士たちの励みになるように、クラスの特徴と絵の価値が伝わるコメントを「おえかきだより」に入れるようにしました。

また、絵の「お話」を一枚一枚に入れるために、担任の保育士たちから、描くときのようすや工夫、悩みなどを聴きだすように心がけました。「おえかきだよりを出すから、絵を選んでね」と声をかけると、快く出してくれて、子どもたちの「今」のようすをいきいきと語る保育士たちとのひとときは、楽しくうれしい時間でした。以前の絵や発達と比較して「こんなすてきな絵をかいたのよ」と伝

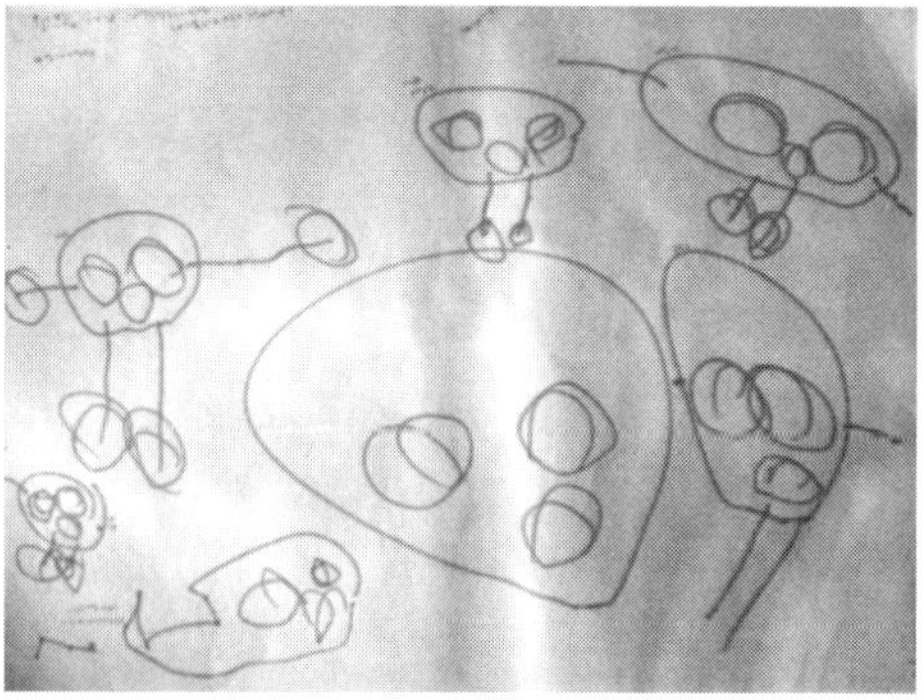

「バレンタイン」
Mちゃん「チョコレートないな」って見ゆう。Yちゃんは、あげたきあった。Yちゃん、めっちゃにこにこしゆう。「やったーやったー」って。T（自分）はももせんせいにひっついちゅう。だんご虫のダダンダンの本をよみゆう。

え合うことができるようになりました。

保護者との絵の価値の共有

保護者から子どもの絵について、「うちの子はへた、○○ちゃんはじょうずですね」と聞くことがあり、心が痛みました。人と比べられること、それを聞いた子どもの気持ちを察してみても、「今の精いっぱいの表現」をまるごと受け止めることが大切だと思うのです。乳児の絵、小学生の絵、あらゆる年齢の絵の値打ちは同じです。その子どもの「今の精いっぱいの表現」に甲乙をつけるべきではありません。

もし、さみしい絵、痛々しい表現があったならば、接し方、関わり方をかえてほしいというメッセージで、おとなが反省すべきです。また、保護者にもわかりやすく絵の価値を伝えることができたならば、描く活動、ひいては、自分の保育の味方になってくれます。すてきな絵を描かせて怒る親はいません。

私は絵に成長が感じられる変化のあったときは、保護者と子どもが一緒のときに、「こんな絵が描けるようになったのよ、すごいでしょう！」と、思いきり褒めていました。描いた絵のお話と描いた状況を交えて伝え、子どもの成長をともに喜び合えたことで、子どもたちは、「もっと、いい絵を描くぞ！」と意欲が増し、保護者と私との信頼関係も築けます。「子どもからのメッセージ」「子どもからおとなへの通知表」である「絵」をきっかけに、保育の改善、保護者への支援にもつなげていけます。

教育現場の現状を勉強会などで聞くと、指導者がストレスでいっぱいだと感じます。さまざまな責任と、どうしようもない現実があるからだと推測します。これからの日本、世界を担っていく子どもたちを育てている保育現場、教育現場が元気になってほしいと願っています。

保育者が、子ども一人ひとりを、自尊心の高い子どもに育てることは可能です。自己肯定感や愛され感を持ち、自らの思いを表現できる子どもでいっぱいにしたい。それは、描く活動による保育を手がかりにできることなのです。

そのためには、描く活動に園全体で取り組む必要があります。いきなり園全体で取り組むことは難しいですが、描く活動に関心のある保育士や教師から取り組むのです。そして、その活動をとおして、描く活動の魅力と意義を発信していくのです。

一人からでも「なぜ大切なのか」を理解して園全体の取り組みにできれば、子どもたちは確実に変わっていきます。子どもたちの変わっていく姿を見ることが、全てのおとなたち、もちろん保育者たちを幸せな気持ちにしてくれるのです。私は表現活動をとおして、子どもたちからもらった幸福感で大いにやる気が出ました。保育現場や教育現場が元気になり、もっと伝え合い、目的意識を持って子どもたちを中心にした保育・教育をしていくことで、未来を変えられると信じています。未来の子どもたちを幸せにできるのです。

第2章　子どもの発達と描く活動【乳児期】

1　0歳児クラス（生後2カ月～1歳11カ月ごろ）の描く活動

口や手への刺激を好む0歳児クラス

生まれてきた赤ちゃんの「乳を飲む口からはじまる運動」は、身体の上部から下部へ向けて発達していきます。握っていた手を開き、手をなめて遊び、物をつかんで口に持っていきます。「手指は突き出た大脳である」と言われるように、手や口の刺激が人間の脳に与える影響が大きく、生活の中で手指を使い経験させること（磨くこと）がとても大切です。

感触遊びと運動遊び

描く活動の中でも、乳児期における「感触遊び」（小麦粉、片栗粉、寒天などを用いた遊び）の必要性が注目されています。手づかみで食べることも、いろいろな食材（こんにゃく、豆腐、豆、野菜、果物、お菓子、ごはんなど）にさまざまな感触・食感があることを、毎日経験できる重要な活動です。

また、乳児期に喃語に応えておしゃべりをしたり、笑いかけるなどの関わりやスキンシップ、簡単なリズム運動や歌を歌ってあげることが、戸外遊びやダイナミックな運動に加え、情緒面や運動面の発達を促すことにつながります。

発達に則したおもちゃの用意

赤ちゃんがありとあらゆるものを触りたがるのは、賢くなりたいからです。既製のおもちゃもいろいろありますが、意外と身近な日用品が好きで、ティッシュペーパーを引っ張り出したり、新聞紙や広告紙、スーパーの袋をくちゃくちゃしたり、しゃもじをなめたりしているときは、世話なく遊んでくれます。子どもの興味・関心を察して、飽きず、くり返し遊びたくなるおもちゃを用意してあげましょう。

保育の場では、おもちゃを手作りします。「つまむ」「ひっぱる」「穴

手作りおもちゃで遊ぶ0歳児クラスの子ども。

に入れる」などの動作を用いることができるおもちゃを、本を参考に、お昼寝のときに作ったりします。あっと言う間に成長するので、「来月にしよう」では、赤ちゃんの成長に置いていかれます。興味のある遊びの一歩先をみて、おもちゃを用意しましょう。

おえかきは全身運動

満1歳を迎えるころ、マーカーを握れるようになると紙に働きかけようとし始めます。近くにいるおとなに「描いたよ」とアイコンタクトをし「にこっ」と笑います。この瞬間からおえかきは楽しい遊びの一つとなり、発達図にある錯画期の「てんてん（点鋲画）」「往復線」を描き始めます。

描く活動は、全身運動です。ハイハイや滑り台、土山登り、戸外遊び、泥んこ・水遊びなども楽しみながらすることで、身体がしっかり育ちます。

0歳児クラス　実践例

はじめてのおえかき　～描画のスタートをみつめて

　Rちゃんは、その日私が持っていた画板を見て、絵を描くための用意とわかり、急いでハイハイをして机につかまり立ち、「にこっ」と笑いかけてきました。生後11カ月で入園し、2回目のおえかきのときでした。私はRちゃんに、はじめて描いたときの記憶があったことと、それが楽しかったのだと気づきました。

　0才児クラスは、生後11カ月、6カ月、3カ月が2名、合計4名の子どもたちを、2名の保育士が担任していました。3カ月の赤ちゃん2人は入園まで母乳で育ち、哺乳瓶でミルクを飲ませるのに苦戦しました。小さな手は私の指を握りしめて、「うっくん、うっくん」と喃語を話し、握った手はまだ自由に物をつかむことはできません。しかし、ほんの数カ月でめざましい発達を遂げていくのを見て、やがて絵を描き始める瞬間にも立ち合えるのだと思うと、わくわくしたことでした。

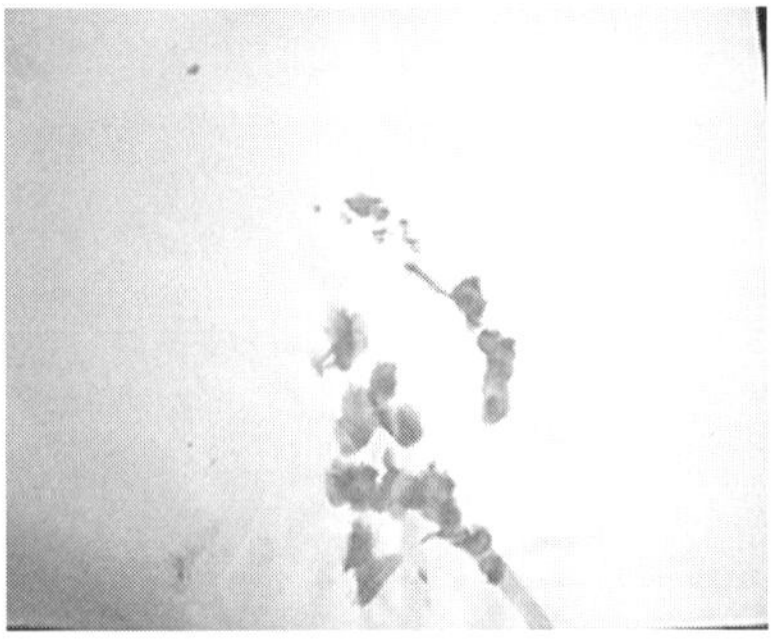

マジックが偶然ついた状態。

左の絵を描いた三日後の「はじめてのおえかき」のようす。往復線を描く。

子どもたちとおえかきを楽しんでいると、「子どもが主体的に描くのはいつごろなのか」「どんな発達と関連しているのか」、この2つの疑問が浮かんできました。マーカーをしっかり握れるようになると、「①とんとんと手を振りおろす」「②往復運動」の2つの動きで、紙に描いていきました。②は、描くペン先を見ています。マーカーがつくたびに、決まって私の顔を見てうれしそうに笑い、「ほら、かけたよ、みてみて」と言っているようです。「うわーっ、かけたね、じょうずじょうず」と応えずにはいられないくらい、感動的でした。子どもの描く活動は、はじめての瞬間から共感関係があることを学びました。

9カ月の子どもにも描かせてみましたが、点がついてもそこを見ず、すぐマーカーを離して握りなおそうとはしませんでした。それが、どの子どもも11カ月ごろ、主体的に描いているのでは？と思える瞬間が訪れました。後に「人間は一度獲得した力は、なくならないんだよ」と鳥居昭美先生にお聴きして、なんてすばらしいことだと感激しました。とてもすてきだったのは、描いたあとの笑顔。みんなが共通して保育者の顔を見て笑ったのです。

まだ描く線が弱々しいが、アイコンタクトをとって、「かいたよ」と笑っている。

ポスターカラーをつけた筆で絵を描く1歳児。うまく持っている。

どんな発達と関連しているのか

「はじめてのおえかき」の日の前後の発達について、日々の記録の中から、共通していることがないかと調べてみると、「ちょうち　ちょうち　あばば」などの手遊びの模倣が始まり、親指を使ってつかむ（母指対向操作）、伝い歩きをする、指差しをする、人見知りやこだわりが出る、「いやいや」をする、三項関係（自分～絵～保育者）がある、などのことが記録されていました。これらのことから、身体の発達、知的な発達が強く結びついて、描く活動を支えていると感じたのです。

ある日、「タンポ筆なら、もっとダイナミックに今までとちがった絵を描くかもしれない」と思い、用意しました。子どもたちはそれが何なのかじーっとながめて、なめようとしました。トントンとたたきつけましたが、すぐに線は描きません。2回目、3回目になると、だんだん絵を描く道具だと認識してきたようです。マーカーで描いた経験があるので、そのまま器用に持って描きます。マーカーは動かしやすく何度も何度も往復運動をしました。プチマジーで描くと軸の太さで迫力のある線が描けました。左右持ちかえたり、口に持っていったり、感覚を刺激する遊びのひとつのようでした。

描くときにはいくつかこだわり、①机とイスの高さの関係は、腕を十分に動かすことができる

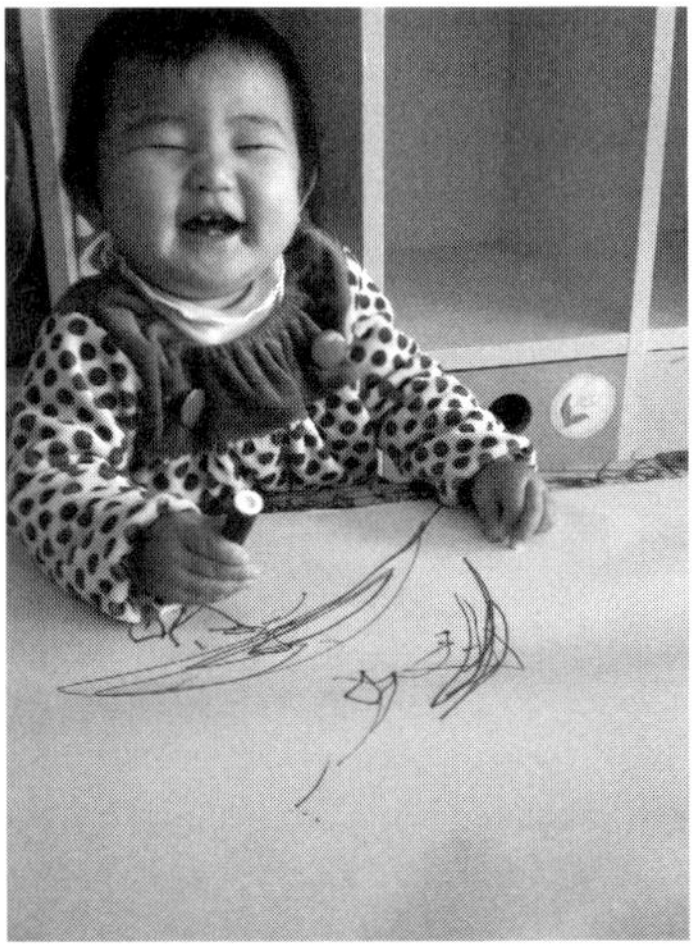

弧状の往復線を描いて、口にもペンを持っていき、楽しくてたまらないようす。

高さにして、足は床についていること、②言葉をかける、③一緒に楽しい遊びをしているという共感関係を持つ、④描く時間は、子どもの機嫌のいいとき、保育者の気持ちがゆったりとしているとき、と決めました。

描いている子どもの横で

4月には生後3カ月だった2人も、11カ月から描き始め、1才3カ月になろうというときにはマーカーで描こうとする1人を見て、もう1人が人指し指を出して、紙の上で絵を描くまねをして楽しんでいました。私が無意識に指で描く動作をしていたのを、まねていたようです。

1人は歩行が達者で、絵の線も縦線やぐるぐる線が出るようになったのですが、もう1人は歩行がはじまったばかりで、描く範囲が狭いという発達との結びつきも感じました。描いたものを指して、「マンマ」「先生」「ココ」「あった」「とんとん」「びゅーっ」と言い、歌に合わせて身体をゆすりながら描いたり、「パン」と言って食べるまねをする姿も見られるようになっていきました。

（2009年64号 子どもと美術掲載より）

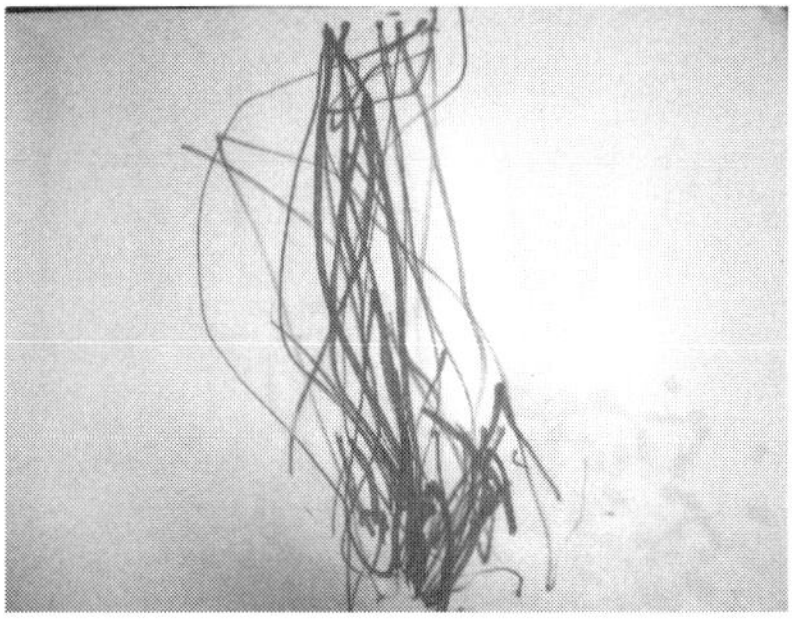

たて線が出る。

2 1歳児クラス（1歳～2歳11カ月ごろ）の描く活動

自我が芽生える1歳児クラス

1歳児の姿は、「1の字」を描く動きそのものだと言われます。立ち上がる、積み木を積みきる、指をさすなどの行動です。「いや」「じぶんで」と自我を出し始めるので、まずは思いを受け止め、少し待ってあげることも必要です。

描画表現では、マーカーをトントンと点状に動かしたり、左右に動かしたりすることで紙につく軌跡を楽しむようになります。これは、腕の動きが肩から肘を支点とした動きへと進化し、肩と肘の両方をうまく使えるようになると、ぐるぐる丸が広がってくるのです。まるで紙の上で自分の発達を誇っているようにも見えます。

このころには、クラスの友だちみんなで一緒に描く機会も作りましょう。タンポ筆や筆、クレパスなどいろいろな画材を喜びます。同じところを何度も塗りつぶして遊ぶことも大好きです。ザラ紙は破れやすいの

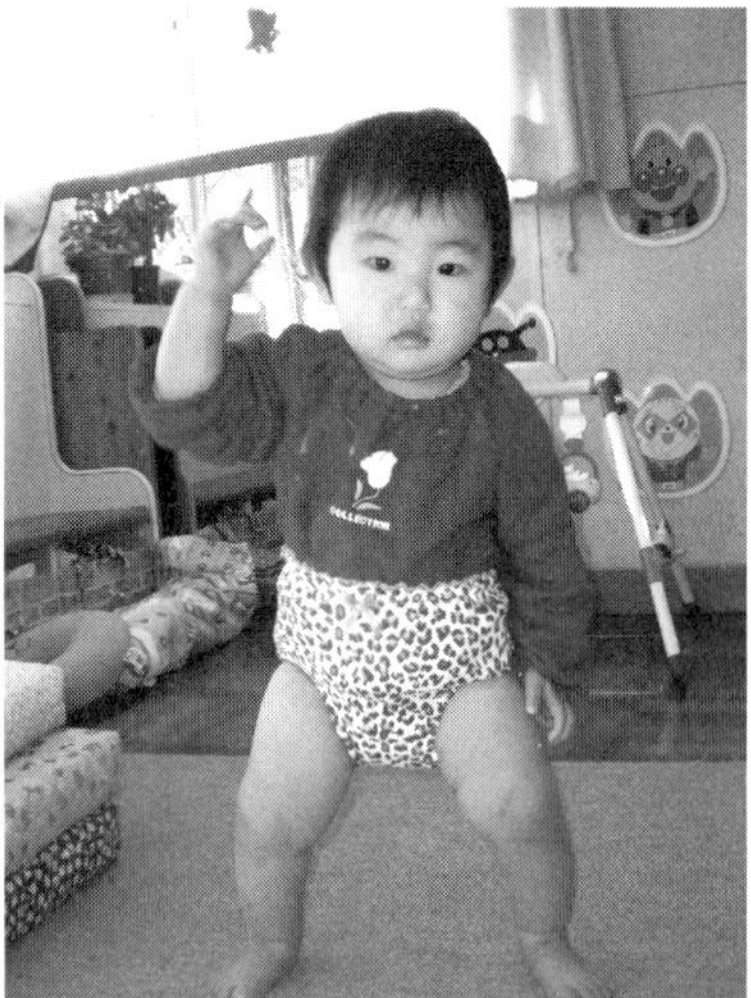

おむつを外して、パンツに替えたとき、指差しをした瞬間。

で、ポスターやカレンダーの裏などを活用する方法もあります。

子どもと保育者が話しながら、「紙の上で遊びながら描くこと」が大切です。基本的にこの時期のおえかきは、「1対1」でその動きに話しかけることが必要です。

言葉が出始めて絵に命名する

描きながら「トントントン」「ビューン」など動きを表す言葉から、「お父さん」「アンパンマン」など描いた絵に人や物の名前をつけるようになっていきます。言葉をただ受け止めるだけでなく、共感してイメージを膨らませる言葉を返すことが大切です。しかし、聴き手が一方的にしゃべりすぎたり、病院の受付のように事務的に聞いたりしたのでは、イメージは膨らみにくいでしょう。

日常の保育の中でも、「靴をはこうね」「帽子を取ってきてね」など、具体的で子どもに伝わりやすい言葉がけを心がけて、言葉でのやりとりをていねいに育てていきましょう。おえかきの時だからといって必要以上に気をつかわず、普段どおりのお話しをすればいいのです。

冬の時期には、行ったっきりではなく、友だちと行って戻ってくる「探索活動」ができるようになります。これは、おえかきの始点と終点が合うこととも関連し、丸が閉じるのに必要な能力

です。

この時期の描画活動では、しっかりと立った姿勢で肘から下の机の位置で描くこと、保育者は向い合うのではなく、隣に位置することが望ましいです。ぐるぐる丸のころは自我の拡大の時期とも言われます。おとなに依存して、伸び伸びと自我を出させる保育を心がけましょう。

1歳児クラス 実践例

「いや」「じぶんで」

20歳の春、私が短大を出てすぐに受け持ったクラスが、1歳児クラス12名でした。1歳児クラスの4月は、オムツを替えおやつを食べ、着替え、外遊びに連れて行き、食事をさせて、やっと昼寝……でも寝てくれない、という日々でした。経験のある先生だと眠ってくれるのをみて、「なんで寝るの?」と、毎日が必死でした。

一日目の仕事で、子どもにズボンをはかせようと目の前に持っていくと、小さい手で私の肩を押さえて足を交互に上げて、ズボンの穴に足を片方ずつ入れたのです。「教えてないのに！ しゃべることもできないのに！」と驚きました。今ではあたりまえだと

同じカエルのぬいぐるみと、おんぶひもをたくさん作った。けんかしないでね。

思えることが、新鮮だったのです。若かったからこそ味わえた感動でした。

それから、子どもを2人産んで再就職し、1歳児クラスで保育の手伝いをすることになりました。「砂場で遊んでいてね」と10人くらいの子どもを見るように言われました。私は子どもたちを喜ばそうと、砂をスコップで掘って積み上げ、大きい山を作りました。しかし、はっと気がつくと、子どもたちは蜘蛛の子を散らしたように、四方八方にいなくなっていました。

そこにベテランの先生が来て、「見て！　見て！　お山があるよ！」と一声かけると、子どもたちはわらわらと集まりました。その先生は「ももちゃん、今こそ言うけど、それは、信頼関係よっ！」と笑っていました。

ごはんのとき、早くごはんをすませた友だちが廊下でけんかをしている声がして、保育士があわてて止めに行き、戻ってきました。まだ食事中だったMちゃんに「Sちゃんがけんかして、えんえん泣いていたよ」と話すと、Mちゃんの食べるスピードが急に速くなり「ごちそうさま」のあいさつをして廊下に直行。Sちゃんの頭を「よしよし」と、なでてあげていたことがありました。1歳児でまだ言葉こそ達者ではありませんが、「よくわかっているよね」と感心しました。

牛乳パックで作った囲いで見立てて遊ぶ1歳児クラスの子どもたち。

友だちとなんでもない紙切れでも取り合いになり、その子が持っている「それ」でなくてはならないとけんかがはじまります。ちょっかいを出し合い、かみつきが起こるのもこのころが多いです。それだけ、まねっこして同じことをして遊びたいし、友だちのすることに関心があるということです。

1歳児クラスでは、牛乳パックをつないで作った囲いの中にはいって、お風呂やバス、電車、お家に見立てて遊んだり、お人形をおんぶしてお母さんごっこをしたり、鬼退治ごっこをしたり、保育士を中心にして友だちと少しずつつながります。共感関係が生まれて「見立てる遊び」がかわいく展開します。

箱の中に入りたがり、囲いの中や隅っこで遊ぶのが大好きなのは、自分の居場所として落ち着くからです。

人見知りもしますが、場所見知りもするこの時期、広い運動場に出たときは不安で泣いてしまう子どもがいます。しかし、そこにいつも遊んでいる箱を用意すると、安心して泣かずにいられることもあります。

パンツをはいていて、手伝おうとすると「いや」「じぶんで」とそっぽを向かれますが、この気持ちこそ1歳児の自我の芽生えです。やりたいだけやってパンツを反対にはいていたり、はけずあきらめて助けを求めにきたりしますが、この気持ちを大切にしてあげたいものです。「もうどうにもならないよ！」というときまで見守るゆとりを持ちたいものです。

1歳児の描画風景

私が描画風景の写真を撮らせてほしいと、1歳児クラスに行ったときに、就職して5年目の保育士と子どもが楽しそうに絵を描いていました。

子どもたちは、絵より先生のほうを見て描いています。子どもと先生のいい関係がうかがわれます。「おしまいにしようとしたら、もっと描きたいって、怒るのよ」というくらい、おえかき大好きになっていました。

複数担任で保育をしている場合、1対1でのおえかきのとき、絵を描かせていない保育者がたくさんの子どもを遊ばせなければなりません。保育者どうしで疑問や不満が出ないために、「どうして1対1のおえかきが大切なのか」の共通理解がいります。乳児クラスは、担任どうしの連携なくしては、質のいい保育は成り立ちません。

日常的におえかきをしていると、1歳児クラスでも順番を待てるようになります。隣で見たり友だちとおしゃべりを交わして待っています。

また、マーカーは握って持ち、往復線からぐるぐる丸へと移行していきます。描いたあとで「おかあさん」「でっかいよ」などとお話をします。「お母さんは、なにしてる?」と聞くと「ごはん」と応え、「先生もたべたいな」と言ってパクパク食べるまねをすると、「先生のこれ」と、また別に描いて食べさせてくれるなどのやり取りが広がります。

月齢が早い子どもは、丸が閉じることもありますが、形を急がず「ぐるぐる丸」を何かに「見立て」て、紙の上で遊ぶことを大切にしましょう。次々にぐるぐる丸を描いて、豊かなお話がたくさんできます。

3 2歳児クラス（2歳〜3歳11カ月ごろ）の描く活動

2歳児の育ちと描画の発達

「いや」「じぶんで」とお話も自己主張もできるようになった子どもたちは、ぐるぐる丸を「おかあさん」「ぱん」「かえる」などに見立ててお話をしながら描くようになります。まだこのときは、「ぱん」があとで聞くと「いちご」だったり「おいも」だったりと命名が変化します。描いた絵にあとから命名する「見立て」た絵です。

次第にイメージしたものを丸で描く、丸が閉じる瞬間（ファンファーレ・表現の幕開け）に出会います。丸が閉じるということは、それまでの偶然描いた線に後から命名する「見立て活動」から、自分のイメージが手の動きを先行する「つもり活動」になったということです。イメージが先

行したときの丸は、意味付けが変化しません。「おかあさん」など描く対象をイメージして描くようになります。これが「つもり」の絵です。「この丸は○○ちゃん?」「そう、リズムやってる」「どんなリズムが好き?」「いとぐるま」などと、そのときの場面に戻って思い出しながら描くことで、「つもり」の絵が描かれます。そして、子どものイメージを受け止め、それに沿って言葉を返すことが「つもり活動」につながります。保育者が1対1で語りかけながら絵が仕上がっていくのです。遊びの中でも「見立て・つもり活動」が大切で、じょうずに描けることを急がずに、伝える喜びを育てていきましょう。

また、0歳児からこの時期に特に大切な活動は、変化する水、砂、泥などの素材で十分遊ぶことです。感触の違う素材に出会わせることがとても重要です。小麦粉、片栗粉、パン粉、粘土などに働きかけ変化させていくことが、とても楽しいのです。「絵」と同様に、粘土でも形を作り、見立てて、友だちや保育者とイメージを合わせて遊び、長時間遊び続けることができます。

また、私の体験から、「先生、なにかいたの?ってきいてよ!」とか「まだ

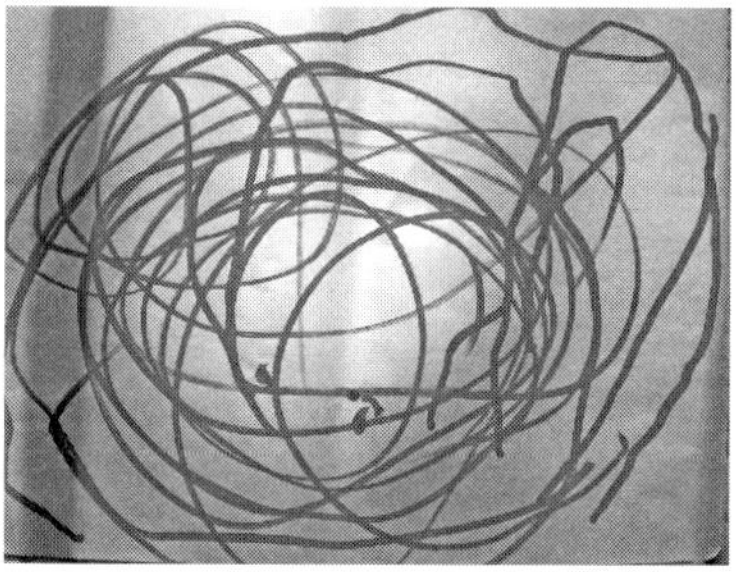

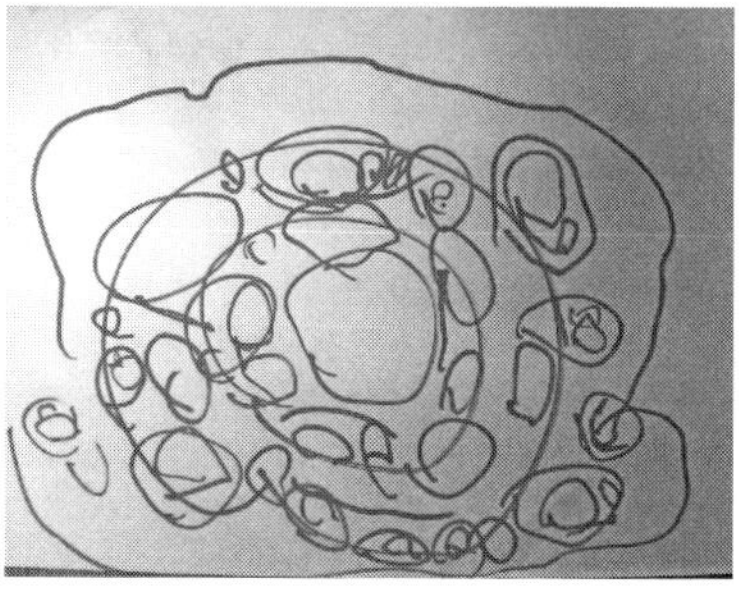

上はぐるぐる丸を描いてから「おばけ」と言う。「見立てている」絵。下は「リズム運動をお友だちとした」と描くことをイメージしてから描いた絵。絵の中に自分がいる「つもり」になっている絵。一見同じように見える2枚の絵には、大きな違いがある。リズム「いとぐるま」の絵

おえかきしてないよ」と、子どもから描くことや、聴いてもらえることを楽しみにしているようすがわかる言葉が聞けたのも、この時期でした。

「どうして?」「なんで?」がいっぱい

2歳児クラスは、2003〜2011年の9年間で5回担任するという機会に恵まれました。2歳児は、しっかりと気持ちを受け止めて共感することで「いやいや」(自我)と言っていても、「いやだけど、やってみようか」(第二の自我)という切り替えができるようになります。ごっこ遊びを楽しむためにも、この育ちが大切なのだそうです。2歳児クラスでは、一人ひとりと密度の濃い情動関係を結ぶことが必要です。

言葉の数が、200語から400語以上にぐんと増えた子どもたちは、二語文以上の言葉を巧みに話すようになります。描画においても、日常生活においても会話をすること、絵本の読み聞かせなどの言葉の刺激の重要性を感じます。

子どもの思考だけでなく、ごっこ遊びのときにも言葉の影響が大きく、遊びを広げ、ブロックや積み木を見立て、何かの役になったつもりになり、友だちや先生とごっこ遊びのイメージを共有できるようになります。

また、とにかく褒めれば喜ぶ「ほめられじょうず」で、褒めればその気になって、

「もも先生のきびだんご」
鬼退治ごっこをした後に描く。丸が閉じた瞬間だった。丸が閉じることを表現の幕開け「ファンファーレ」と呼んでいる。

どんどんやるのが2歳児クラスの子どものかわいいところです。なんでもないことでも、「どうして?」「なんで?」と聴くのもこのころです。そんな「どうして」「なんで」攻撃に参ることもあります。

子「先生、どうしておやすみしていたの?」
私「あのね、先生の子どもがお熱があって、病院へ連れていったの」
子「どうして、おねつがあったの?」
私「あのね、お風邪ひいて熱があったの」
子「どうして、お風邪ひいたの?」
私「おなか出して寝てたからかもしれないね」
子「どうしておなか出したの?」

と延々と質問は続き……最後に私は、「どうしてやろうね?」と必殺技を使います。

すると、子どもは「おなか出して寝たから、お熱がでて病院へいったがやろ!」と言い、なんだ、わかってるじゃない!と思いながら「すごい! よくわかったね、天才!」と褒める、なんてことが日常茶飯事です。子どもに「どうして?」と聞くと、「どうしても」という返し方も覚えていきます。

しかし、この問いにていねいに答えることが大切だと思うのです。「わかってるでしょ！」とか「しつこい」と言わず、ほんの少しの時間つきあうことで、好かれるか、嫌われるかがわかれます。気持ちよく自分の思いを認められ褒められたことで、子どもたちは安心、安定して、おまけに「先生大好き」になっていきます。

また、「みんなごはんいっぱいたべたね」という言い方で、十把一絡げに褒めたとき、子どもの「わたしは？　ぼくは？」攻撃にあいます。「○○ちゃんは、ごはんもおかずも残さずに食べてえらかったね」「○○ちゃんは、こぼさずにたくさん食べてえらかったね」「○○ちゃんは……」と一人ひとりの目を見て、理由はつけなくても名指しで褒めるようにする必要があります。がんばった自分への手ごたえをしっかり感じ取るとき、子どもは大きく変わるのです。

「いっぱい」「一緒」が大好き

おもちゃをたくさん抱えて、独り占めして遊びたい、友だちの物も気になる、それが2歳児の特徴です。おもちゃの数や質にも気を配る必要があります。

おもちゃの取り合いでけんかが起きたとき、「○○ちゃんもほしいんだって」と代弁してやると、「あとでかしてあげる」「じゅんばん」という言葉や意味がわかり、約束どおりかわってくれます。「かわってくれたね、やさしいね、ありがとう」と褒めることで、次の円滑な仲間関係につながります。

忙しさにかまけて、「もう！　貸しちゃりや（貸してあげて、の意味）」と言って、仲裁するつもりが泣かせてしまい、結局長時間子ども２人ともぐずって、私のほうが泣きそうになった経験があります。まちがっても「独り占めはダメ」「貸してあげなさい」と無理やり取り上げないでください。禁止、命令の言葉は、子どもの信頼を失いかねません。気持ちを受け止めて、思いを切り替えてあげる方法を工夫すればいいのです。

ごっこ遊びがはじまる

友だちと一緒が大好きで、ごっこ遊びが楽しい2歳児ですが、ある年の春のことでした。２歳児クラスは、『おたまじゃくしの１０１ちゃん』（かこさとし絵・文）の本が大好きで、よくみんなでごっこ遊びをしました。雨の日は新聞紙を破り、部屋中に「いちべえ沼」を作り、子どもたちはおたまじゃくしになってザリガニの親分になった私に新聞をかぶせて、「ブアーッ！」と出てくるのを待つという、スリル満点の遊びをしました。子どももまねて交替でザリガニになり、楽しいごっこ遊びでした。

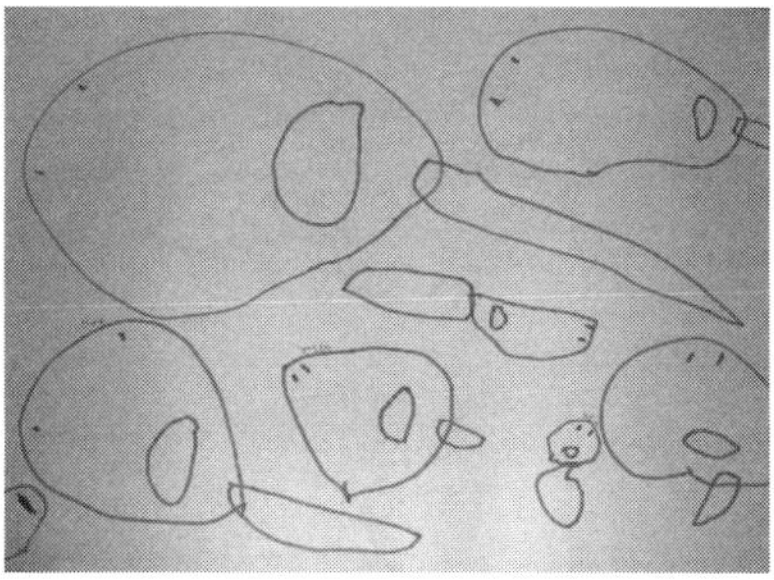

『おたまじゃくしの 101 ちゃん』の楽しい遊びがおえかきへとつながる。

晴れの日の砂場で、私がザリガニ、もう一人の保育士がカエルのお母さん、子どもたちがおたまじゃくしになって遊んでいたときのことです。4月から働き出したその若い保育士さんに「たがめになって、出てきて」とお願いしました。すると、しばらく沈黙があり、「わたし、たがめにはなれません」と言われました。おたまじゃくしにはなってくれていたのですが、役が難しかったようです。保育士ならみんながすぐその気になる、女優的要素があり、羞恥心を一旦どこかに隠せる人とは限りません。しかし、子どもとの遊びの中で、冬には彼女も立派な女優になり始めていました。

2歳児クラスの子どもたちと一緒に生活するには、ごっこ遊びができる能力が保育者にも必要です。遊びの会話の中で、子どもとつながり、言葉でのやりとりを増やし、それがひいては描画の実践の場での「言葉のキャッチボール」「言葉を引き出す」腕につながります。

興味深い話で、「ごっこ遊びをしているときは、姉妹げんかをしない」と聴いたことがあります。それまで見られた自己主張の

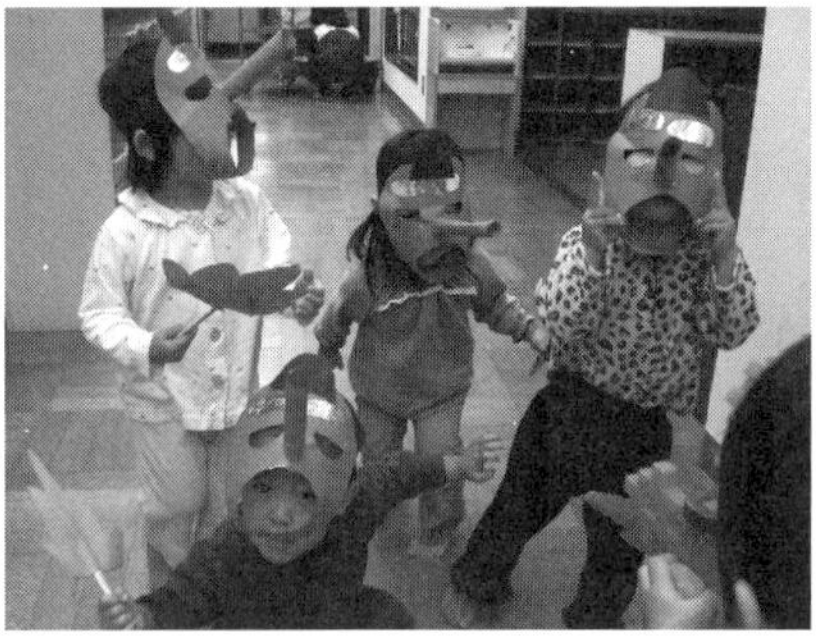

プール大会にきた天狗（右）。憧れの天狗様になって遊ぶ２歳児クラスの子どもたち（左）。

自我ではなく、周囲との関係でどうしたらいいのかが理解できるようになる第二の自我の世界で、「ごっこ」は展開するからです。つまり「こうあるべき」と思う理想の世界でイメージを共有しているということだそうです。

子どもたちが天狗や鬼の面をかぶり、保育園中にちょっかいを出すという遊びも、よくやりました。そんなとき、迷惑そうな顔をされたり、追い出されたりすることなく、保育園全体で子どもたちの「ごっこ遊び」を育て合えたことは、楽しくて幸せなことでした。

言葉がけの極意

2歳児クラスで散歩の前などに「おしっこにいっておいで」と声をかけることがあります。これを「おしっこにいったかな?」という言葉に替えてみましょう。「いっておいで」だと指示どおりに動く子どもになりますが、「いったかな?」だと「ぼく、いったかなぁ?」と一度自分に問いかけて考えます。その自分に問いかける言葉がけが、主体性を育てるのです。普段から保育士が指示する言葉がけではなく、判断を促す言葉がけを使っていくと、それが積み重なって、子どもが自分なりに考えて主体的に行動できるように育ちます。

「~してから~しようね」という見通しのある言葉がけや、「どっちにする?」と選ばせる言葉がけは、気分の切り替えにも効果的です。にんじんが嫌いで食べられないというとき、半分にして「どっちたべる?」と選ばせることで、「いや」と言っていたのに小さいほうを選んで食べたりするのです。「指示待ち族」を増やさないためにも、聞いて選ばせる言葉がけは大切です。

2歳児クラスの実践例

四季の散歩とごっこ遊びの絵

4月に12名の在園児と4名の新入児を、3名の保育者で受け持ちました。さらに9月に1名が入園して17名となりました。「豊かな自然に触れる散歩の機会を持つ」「楽しい遊び、ごっこ遊びの展開のための環境設定をする」「子どもが自我を出しきり保育者に甘え、依存しながら自立する生活を心がける」、そして、「おえかきが生活の一部となっていく保育」を目標にしました。

4月、新入児はまだまだ園生活には慣れていないので泣くことも多く、落ち着かない状態でした。みんなで同じイメージを持って遊ぶことができる「おおかみさーん」という遊びをリズムとともに取り入れました。歌を歌い、「おおかみさー

ぼく（線の上の点）と先生（ぐるぐる丸）。

ぐるぐる丸の「おおかみさん」。描いてから意味づける。

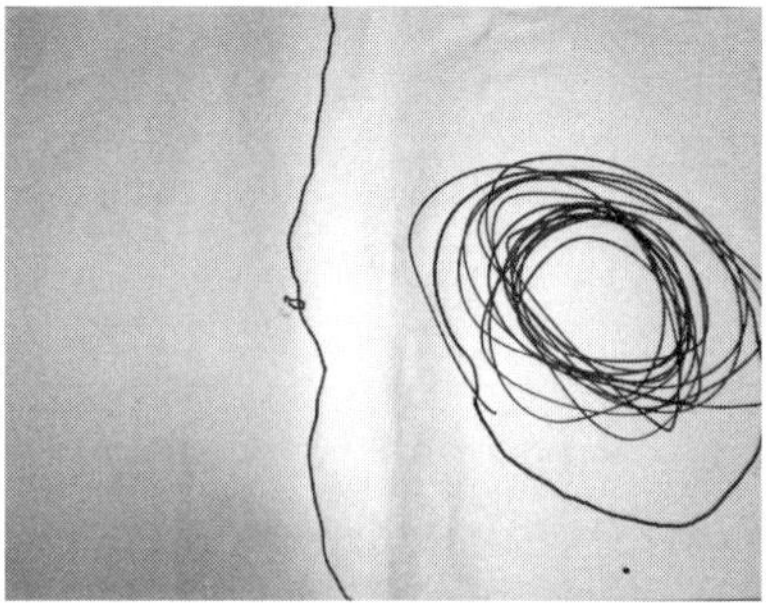

ん」と子どもたちが呼ぶと「今、起きたところだよ」と保育士の狼が答えます。「あーよかった」と子どもたちは言い、狼が「今、子どもを捕まえにいくところだよ」と言うと、子どもたちは部屋の隅っこに逃げるのです。子どもたちは、ハラハラドキドキする遊びが、とても好きです。描画の中にも「おおかみさん」を描いた絵もよく出てきました。

子どもたちは保育園の近くの田んぼのポンプ小屋を、「おおかみさんのおうち」だと思っていました。横に立てかけた茶色の傘は、「狼色の傘」で、「お出かけしてないね、傘がある」と想像を膨らませたものでした。

散歩のもう一つの楽しみは、おたまじゃくしやカエルとりでした。保育士たちも夢中になって捕まえました。保育園に持ち帰り、イボガエルは「ゲボコさん」、アマガエルは「みどりちゃん」と呼びました。

ある日、ゲボコさんが20匹くらい入っている水槽に、みどりちゃんを1匹まちがえていれてしまい、悲劇が起こりました。そのよ

「大きいプールあるが、プール、N(自分)、Kくん、Rちゃん、おにぎり、おうち、おばけも来てるが、おにいちゃん、Aちゃん、Uくんのおうち。みどりちゃん、ゲボコさん、えさパッパ」

ゲボコさんとみどりちゃん。

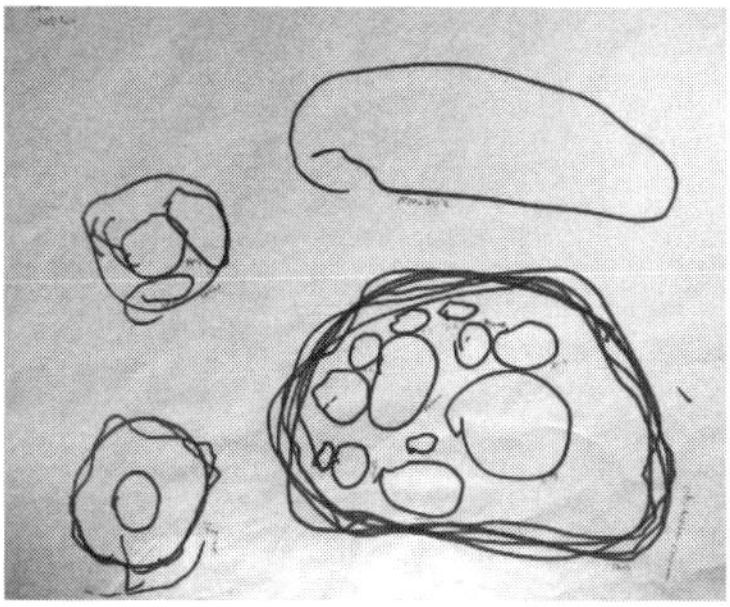

うすを見ていたIちゃんが、「ゲ、ゲ、ゲボコさんが、みどりちゃんを食べた！」と保育士のところに走ってきました。見に行くとゲボコさんの口からはみ出たみどりちゃんの足！　子どもたちも保育者も大騒ぎでした。一時間後、飲み込めなかったみどりちゃんは無事生還しましたが、この出来事がよく話題になり、絵にもあらわれることになりました。

感触遊びを大切に

夏が近づくころ、小麦粉、片栗粉、シャボン玉、色水、泥んこ、水遊びなどの感触遊びを、描く活動と並行して経験させていきました。一緒に同じ遊びをする中で、友だちや保育者とお話をしながら、「これ貸して」「これをちょうだいね」とやりとりもします。形を変えられる素材で作ったものを何かに見立てる遊びは大好きです。

プール遊びは、人数の割に小さなプールでのスタートでした。とても楽しみにしていた子どもたちは、一人で着替え、水着の片付けもできるようになっていきました。乳児用の小さいプールから、幼児用の大きいプールに入る機会を少しずつ増やすと、「今日は大きいプール？」と聞く子どもたちでした。友だちとプールで遊ぶ絵も描くようにな

「プールでお宝さがし（ビー玉ひろい）をした」頭から足が出ている。

りました。

「にんにんにんじゃ」に、なりきって遊ぶ

プール遊び最後の日のプール大会で子どもたちは、大好きな「みどりちゃん」の絵のついたメダルをもらいました。9月のはじめに、プールをがんばったご褒美に、金色の箱にはいった布製のおもちゃのおにぎりが届きました。子どもたちは、「忍者からきたがやない?」と言い、おにぎりは忍者からの贈り物ということになりました。次の日から忍者の絵本を読み聞かせ、忍者が近くの神社に届けてくれたお菓子を取りに行くなど、忍者とのやりとりと忍者修行が始まりました。『にゃんこにんじゃ』（ミミィとミーヤン作・絵）の絵本を活動の中に取り入れ、絵本に登場する「赤豆」「きなこ」「花豆」「枝豆」「青豆」「おにゃぶん」は子どもたちにも身近な忍者になりました。

ある日、洗剤の空き箱で作ったおもちゃのカバンが17個、絵本に出てくるおばけにとられてしまいました。次の日、お

「ひっつきむしがついた」散歩で、ズボンにも洋服にも草の種がくっついて泣きそうになったときの絵。

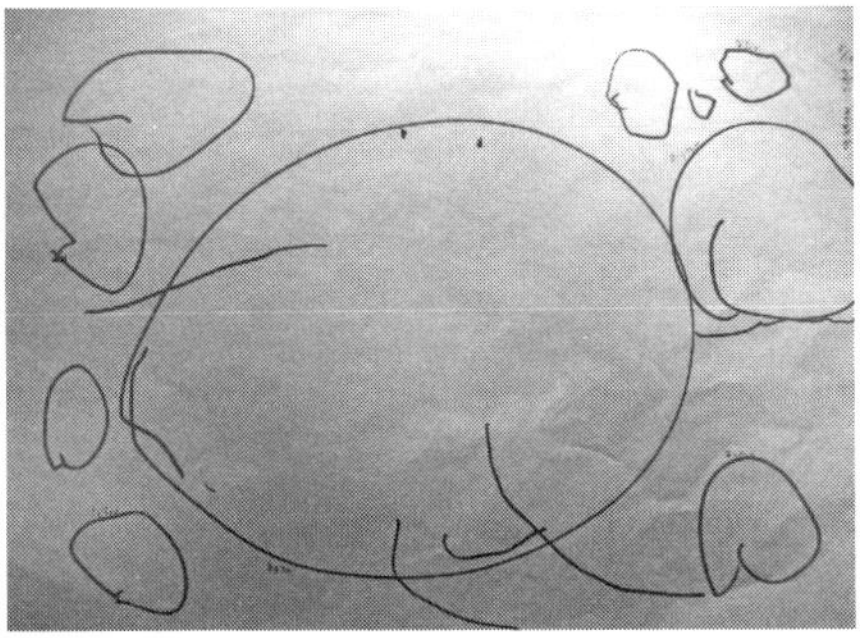

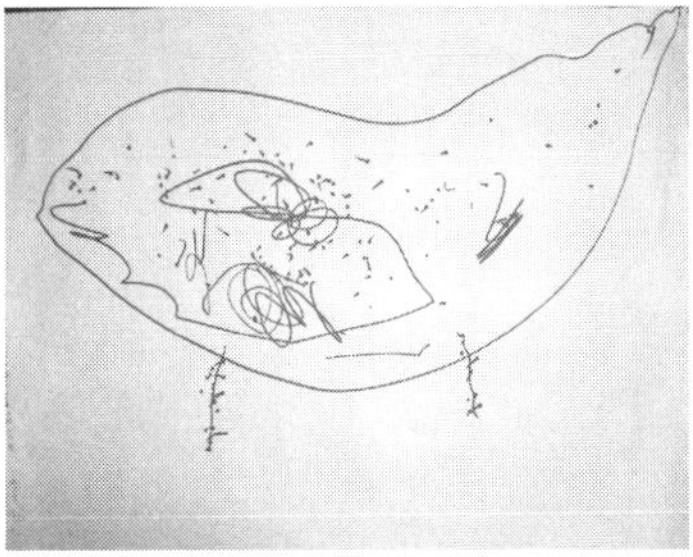

「赤豆忍者（中央の大きな頭足人）がおひるねのときさたよね。びっくりしたでね」まわりの丸は子どもたち。

昼寝から起きると「赤豆忍者（保育者が変身）」がカバンを取り返して持ってきてくれました。しかも、色画用紙を貼っただけのカバンが、「にゃんこにんじゃ」の絵のついたカバンに変身していました。そのあと子どもたちが描いた絵には、「赤豆」がいっぱい出てきました。

保育園の近くの山は、ドングリ、しいの実、みかんの木など秋の自然の産物がいっぱいです。しいの実は、炒って食べました。みかん狩りでは、もぎたてのみかんを味わい、そのみかんの皮の硬さを絵で表現する子どもがいました。帰り道、洋服にオナモミがいっぱいついた子どもは、「ひっつき虫がくっついた」という絵を描きました（71ページ右）。足にも隙間がないくらいついて、泣きそうな顔になっていました。

お正月は楽しいな

お正月明けには、おうちで過ごした数日間を絵によって伝えることができるようになっていました。

お正月にお母さんはお弁当を持って仕事に行った。Rちゃんは、Yちゃんとばあばのお家でおったが。Reちゃん(妹)とAちゃん(兄)と遊んだ。ひいばあちゃんは畑におる。ばあばのハンバーグおいしかった。

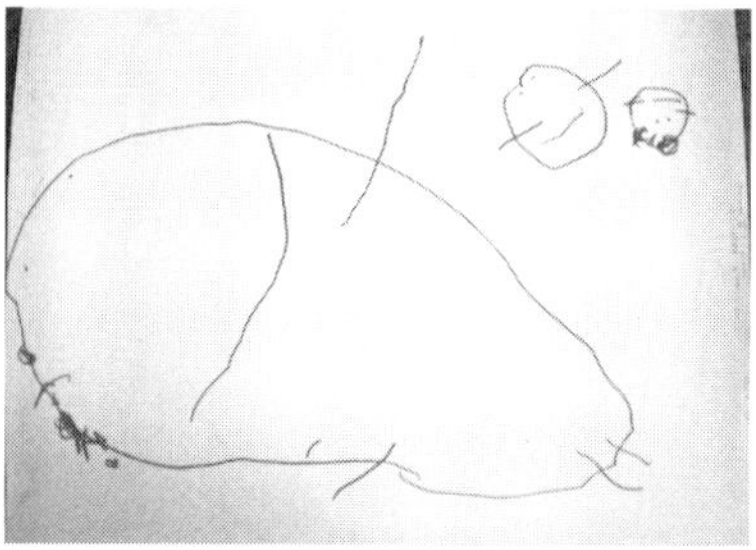

「龍馬博に行った」
おとうさんとおかあさんといったが、汽車の駅のところやった。さかもとりょうまは、おっきかったで、これはちょんまげ。おにいちゃんといっしょにみたで。かっこよかった。

「おかあさんがお仕事にいった」

カフェに勤めているお母さんは、お正月にも仕事で、おばあちゃんの家で遊んでいた話をしてくれました（72ページ右）。大きい丸で囲んでいるのが仕事場、お母さんが手に持っているのは、お弁当です。

家族と一緒に高知市内の「龍馬博」というイベントに行ってきた話もしてくれました（72ページ左）。大きくてちょんまげらしき髪型なのが、坂本龍馬です。小さい丸が私とおにいちゃん。高知県ならではのちょんまげ頭足人です。

節分には、年長さんが鬼となわとび対決をしたようすや、先生が鬼に連れていかれそうになった話、黒鬼がいこつの杖をもっていて怖かった話なども描きました。

鬼退治の絵。

生活発表会では『てぶくろ』（エウゲーニー・M・ラチョフ絵／内田莉莎子訳）の劇をしました。自分が演じた役を中心に「くいしんぼうねずみ、はやあしうさぎ、ぴょんぴょんがえる」と登場動物の名前を言いながら描きました。

（2011年69号「子どもと美術」掲載原稿より）

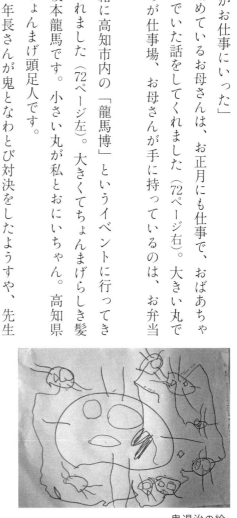

Column

1枚の絵から

【2歳児】
成長の喜びを伝えたくて描いた2枚の絵

運動会の練習をしていたときのこと。かけっこは大好きなのに、スタートラインに並んで「はい。かけっこしますよ」とみんなに見られると、走れない子どもがいました。自分が見られていると いう意識が働き、恥ずかしいのです。私と手をつなぎ、なんとかゴールまでたどりつく、という日が何日か続きました。2歳児クラスの友だちと遊びの中で走れば、笑顔で走ることができました。

運動会当日も、私と手をつないでのゴールとなりました。しかし、おばあちゃんたちの姿をみつけて指をさしながらニコニコと走り、満足したように思えました。

そのときの絵には、点々で走った足跡をたくさん描かれ、「R（自分）はしったで」と力強く

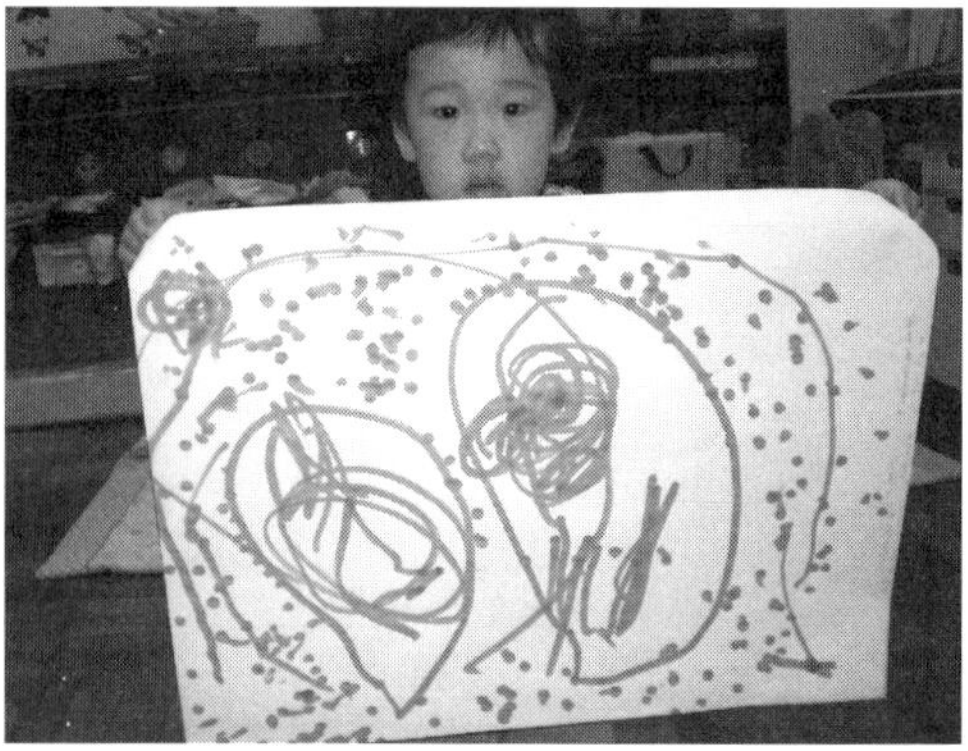

言いました。自分ががんばったことを確認したかのような絵に、「そうだよね」と共感できました。

ボタン、とめられたよ！

3歳児クラスに進級すると1人担任になるので、次の担任のためにも、自分で着替えて、服をたためるようにしておかなければと、させる目線（訓練的）で保育をしていました。しかし、子どもは本来、自立したくて、できることを喜んでいることに気づかされました。服をたためると、すごくうれしそうな顔をします。ボタンをとめることができたこともそうです。

ある日のこと、お昼寝から起きて、服を着替えたHくんが、「おえかきしたい」と言ってきました。私は布団をたたんでいたので、絵を描く用意をして、マーカーを渡しました。「描いたよ」と見せてくれたとき、顔の鼻の辺りに丸が連なっているのを見て、私は「お鼻がいっぱいだね」と言いました。すると、Hくんが「ちがうよ、お鼻じゃないよ、ボタンで。あのね、全部ボタンとめたが」と答えました。「ボタンかーっ！」指もしっかりと描き、うらやましそうに見ている友だちがたくさんいます。小さいボタンを、じょうずに掛け違わずにとめることができた自分の成長の喜びを記録した絵です。

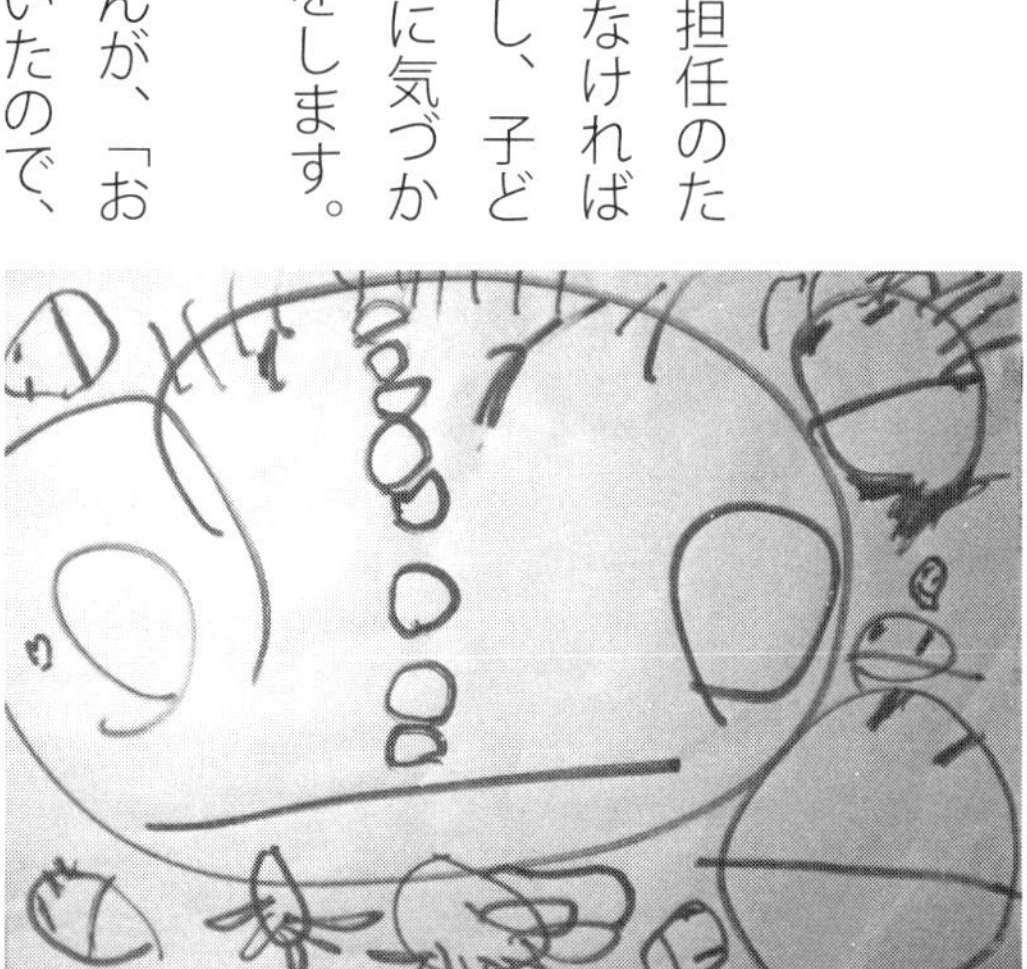

第3章　子どもの発達と描く活動【幼児期】

1　3歳児クラス（3歳～4歳11カ月ごろ）の描く活動

二語文から多語文でしゃべる3歳児クラス

3歳児クラスの子どもたちは、「よーいどんって走ったよ」「おててをつないだ」「カニをつかまえた」など行為（動詞）をいれた二語文から多語文で友だちや保育者と楽しいおしゃべりがいっぱいできるようになります。豊かな生活体験を絵で表すと、友だちや先生と遊ぶ楽しさがあふれてきます。丸の中に目や口

「顔の時代」保育士と友だちと遊ぶのが楽しくなると現れるすてきな絵。

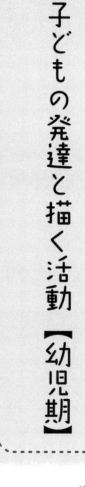

が現れ、「顔の時代」から「頭足人」へとだんだん変化していきます。ただ顔の形をたくさん描くのではなく、友だちや先生との楽しかった気持ちや行為を伝えるための絵を描き始めるのです。

「〜したつもり」というつもり活動が明確になると、閉じた丸に託して表現し始めます。保育者が仲立ちをしながら、友だちと遊ぶことが楽しいと思える保育をしていく必要があります。楽しい体験をしたときが楽しい絵が描けるチャンスです。その体験をともにした保育者が絵のお話を聴くことで記憶が鮮明になり、主題のしっかり絞れた絵になります。イメージが明確になってきたからこそ顔に見立てて、絵を見て、動詞をつけて話すことができるのです。

また、描く回数を増やすことも大切です。たくさん楽しかった活動に共感していきましょう。絵日誌という方法で、描く活動を日常化していき、その内容を友だちの前でお話することは、仲間関係を響き合わせるのに効果的です。絵を部屋に掲示すると、さらに友だち、保育園の職員、保護者とも話題の共有がで

「みかん狩りにいった」あんまりおいしくてびっくりした絵。

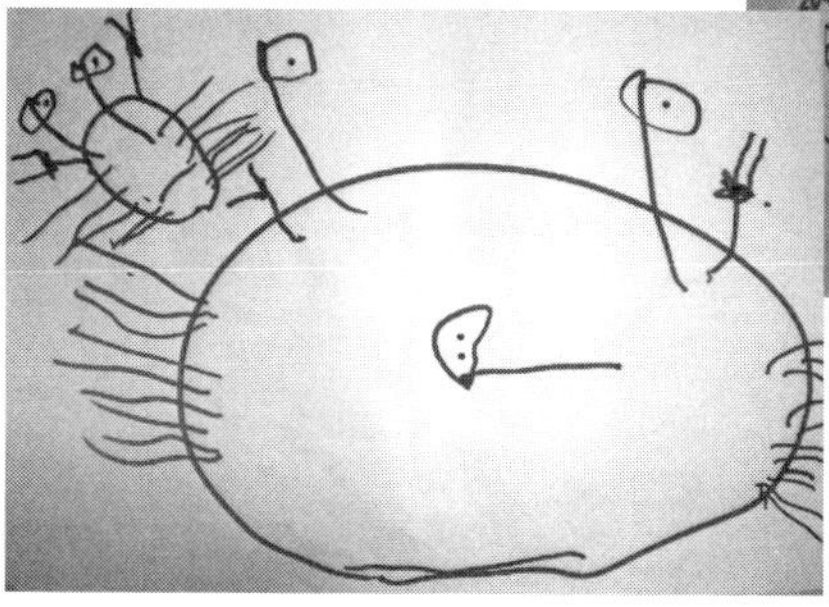

「カニにはさまれた、痛いで!」はさまれたからこそハサミをきっちりかいているのがおもしろい。

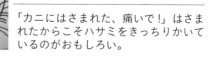

きます。

3歳児クラスの実践例

もういや！　もういや！

4月に3才児クラスの14名を受け持ちました。男の子が12名、女の子が2名で、毎日歌を歌い、絵本の読み聞かせをしていましたが、Uくんは後ろのほうで一人遊んでいました。リズムをしてもなかなか参加しません。連れてこようとすると「もういや、もういや」と叫びながら廊下にとび出しました。私を独占して遊びたいという気持ちは、いろいろな場面で感じました。ご飯のときにも、おやつのときにも毎日、隣に座りたがりました。お昼寝のときは、「とんとんしてよ」と一番先に布団の横に来てもらうことを求めました。思いがかなわないと、「もういやーっ！」と泣いたり、すねたり、怒ったりするのです。気持ちを受け止めてやれるときはよいのですが、毎日そううまくはいきません。少しずつ信頼関係もできてきたころ、描くことも好きになっていきました。

プールが大好きで、毎日のようにプール遊びを楽しんでいたのですが、ある朝、嘔吐し

○と×のプールカードの絵。

たということで、プールカードにプール不参加の×印が付きました。その日に描いた絵（78ページ）を見たときは、衝撃を受けました。描くことで、気持ちに折り合いをつけていたのでしょうか。余程プールができなかったことが嫌だったのだと伝わりました。明日はきっと◯になるようにという気持ちで描いたことが表れています。生活と表現を結びつけていくという思いから、画材はいつも描けるように用意していますが、大抵、楽しかったことを描くパターンが多いです。嫌だったことも伝えてくれることは、保育者にとっては大事なことだと実感しました。特にUくんは、イライラしたらイライラした絵、楽しかったときは、みんな歯をむき出して笑う絵などを描いています（下図）。

運動会のころは、「暑いき、いやだ」「かけっこで負けたき、いやだ」と部屋に駆け込んだりして怒りすねていました。しかし、みんなで遊ぶことが楽しく感じられるように、あの手この手で接していきました。我慢できたときは褒め、よくできたことは認めているうちに、運動会が終わるころには「Uくん、最近、もういやって言わんなったでね」とクラスの子どもも認めていました。私だけでなく友だちから認められたことで、我慢する力や、友だちの気持ちもわかろうとする力がついてきたとうれしく思いました。

「みかんおいしい」とみんな笑う。

味覚の秋には芋掘りをして、焼き芋パーティをしたり、スウィートポテトを作ったりします。近くの山へみかん狩りには3回行きました。自然の中に出かけて空想の世界のイメージを拡げていくとクラス全体の描く力の成長を感じられました。Uくんの場合、自分中心のわがままが強かった唯我独尊の時期を過ぎて、周りの友だちや妹に対する思いやりや優しさが育っていったことが「絵」にも現れています。

スリルいっぱいの節分

節分を迎えようとしていた1月の末、近くの山に鬼を探しに出かけました。鬼の気配を感じながら険しい山道を幼児組の子どもたちは桃のマークのついたはちまきと、広告紙で作った剣を縄跳びで結んだベルトにさして、どんどん進んでいきました。子どもの背丈ほどもあるシダをかき分けて、急な坂道は腰で滑りながら保育園に帰ってきた日のことです。

「先生、おえかきしたい」という子どもたちに机を用意して並んで描けるようにしました。その時の、私とUくんの会話です。

山なみと草を描き始めた。
Uくん「ほら、お顔がみえんくらい草があったでね」
私「そうやね。Aちゃんがもも先生!ってよんだでね。Uくんもこわかった?」

Uくん「山はこわくないけどつかれる。『へーへーへー』ってていながらいった」
私「こわい鬼はおらんがやね」
Uくん「鬼はおるで、ここに」
私「でも笑いゆうね、鬼」
Uくん「Rちゃん（妹）がおるが、Uくんがすきってばっかりいう、にいちゃんにいちゃんって」
私「鬼の近くなのにだいじょうぶなが？」
Uくん「Rちゃんは、Uくんのほうへあるいていきゆう」
友だちをいっぱい描き始める。
Uくん「BくんとCくんは、だんごつくりゆう」
私「鬼をやっつけるのに、力がつくがやね」
Uくん「そう、いっぱい描くが、すみれぐみみんなの……保育園のみんながたべてもおかわりができるように、いっぱいおだんごがあるが」
ていねいにおだんごを描き続けた。

見ていて、思わず「すごいね」と言った私と周りの子どもたちでした。Uくん

「鬼ときびだんご」鬼探しの探検のあとに描いた。右上が鬼。その左上にRちゃんとUくん。中央左でBくん、Cくんが団子をつくる。たくさんの丸はだんご。

の成長が感じられ、私にとっては、「保育冥利に尽きる絵」です。

節分への取り組み

２００９年度のテーマの絵本は、「やまんばのむすめ　まゆのおはなし」シリーズ（富安陽子文／降矢なな絵）です。まゆというやまんばの娘と、やまんばかあさん、少し間の抜けた赤鬼、春を告げる龍の親子などさまざまな登場人物が出てきます。絵本を読み、絵本の登場人物との手紙のやりとりを保育園ぐるみでしました。やまんばかあさんは、プール開きやプール大会にはおみやげを持って登場しました。クラスの子どもたちの絵の中には、年間を通してその登場人物が出てきました。

節分にはその中でも、まゆと友だちになった赤鬼さんが活躍しました。赤鬼さんは、節分が近づいて他の鬼たちが保育園を狙っていることを手紙で教えてくれました。節分を前に、山に探検に行き、あやしいものを見つけては、あれこれと空想をして描く絵はとても楽しい表現がいっぱいです。

節分当日は、黒鬼大将がドクロのついた杖を持って現れ、乱

「鬼探しに行った」龍が空で見ゆう。

大きいのは黒鬼大将。金棒持って青鬼も赤鬼も保育園を狙いゆう。

暴者の青鬼とともに子どもたちと戦いはじめました。そのとき、まゆの友だちの赤鬼さんが子どもたちを守ろうと鬼たちをなだめてくれましたが、他の鬼たちは戦いをやめませんでした。なんとか子どもたちの力を合わせた作戦と豆まきで、鬼を追い払いました。その後、福の神が現れて「福豆」を届けてくれました。

節分の朝、広告のポスターをつなぎ合わせてタンポ筆を用意していた私は鬼を退治した場面を、きっとダイナミックに描くだろうと、わくわくしていました。部屋いっぱいに広げた紙に一人ひとりがタンポ筆を持って、お話をしながら描きました。「つのが2つあったでね」「がいこつがついちょった」「めっちゃこわかったけど、なかんかった」「ずっとがまんしちょったけど、福の神さんが帰ったら涙がでた」などとおしゃべりしていました。もっと描きたいと言い、何枚も描いた子どももいました。迫力のある鬼たちが並ぶ絵を部屋に貼り、保育園の職員みんなに見てもらいました。豆をぶつけているところ、自分で苦労して作った広告を巻いた剣で戦ったところなどは、誇大表現していました。

タンポ筆で描いた後も、子どもたちは自分が鬼退治で感じたことをざ

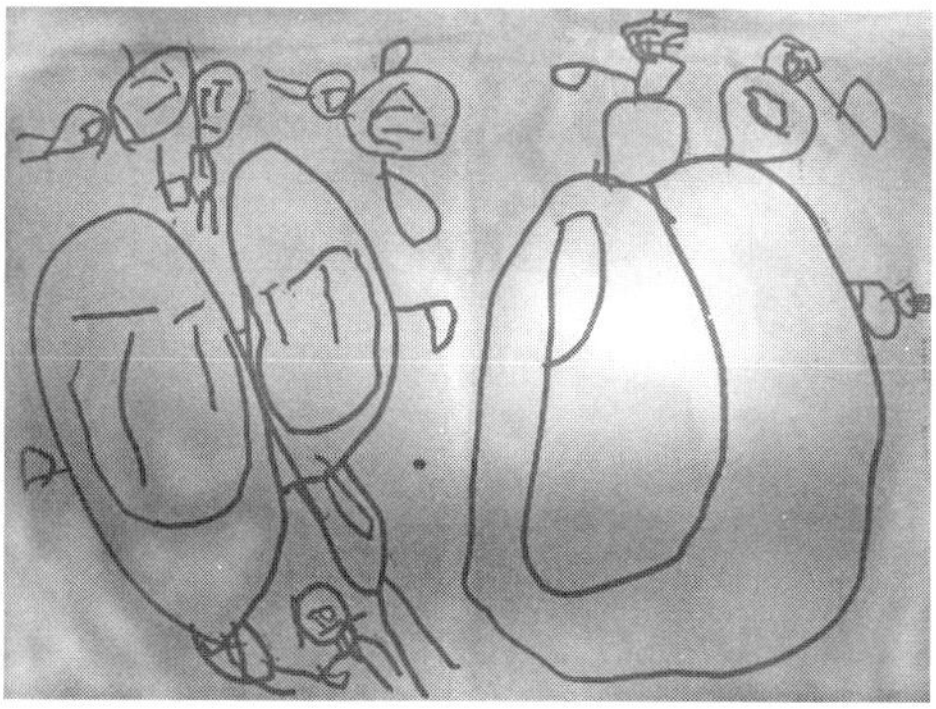

「お山に探検」
お山で、黒鬼、赤鬼、青鬼がみゆうが。(右下が山、その上が鬼)みんなで探検にいきゆう。剣を持っちゅうき。お金がある。ビービー光線もある。(五円玉を毛糸で首につるして光線にするという作戦を立てた年の節分)
3歳児クラス　3月生まれのTちゃんの絵

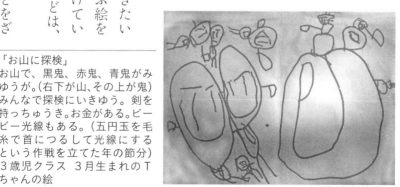

ら紙にマーカーで細かく表現しました。豆を投げつけるようすを、鬼の顔の上にマーカーをたたきつけるように描く子どももいました。鬼をやっつけると、立春になります。毎年近くの段々畑に春を探しに行って、てんとう虫やつくし、れんげの花を見つけます。春がきた喜びを表現することが得意な子どもは、その絵を描くことによって輝きます。

（2010年67号「子どもと美術」掲載原稿より）

「私たちが山に探検にいったとき（山の上に子どもたちがいっぱい頭足人で描かれている）。鬼の家族が山で遊んでいると思う。お姉ちゃん鬼は赤ちゃんをおんぶしてる（右下）」

「豆を投げて戦った節分」

「鬼を退治したら、福の神が来てくれたきうれしかった」

「保育園のみんなでおててつないでお山に散歩に行ったよ。寒くて眠っていたカニさんとてんとう虫さんが、春になったねって出てきてあそんでくれた。お山にはまだ鬼さんが見てるけど怖くないよ」

「ここは、お山の鬼の国。お父さん鬼は、どこに泊まりに行こうかなって考え中。お兄ちゃん鬼、お姉さん鬼がお出かけして、囲炉裏のあるお家の近くで赤ちゃん鬼を寝かせてから、お母さんと離れてお父さんはお出かけ」

Column

【3歳児】 1枚の絵から

こわかったはじめての歯医者さん

歯科検診で虫歯の見つかったTちゃんは、はじめて歯医者さんに行きました。次の日お母さんが、「先生、すごい泣いたで、入り口から出口まで」と話してくれました。

「痛かった?」と私。

「痛くなかったけど、怖かった」とTちゃん。

その日のお昼寝の前に描いた絵には、ウルウルと涙にぬれたTちゃんと、なんとも冷たそうな表情で治療する歯医者さんの姿が描かれていました。「歯」を描くのも3歳児クラスにはよく見られます。

汽車に乗って遠足に行く

大きい丸は汽車の中、一番大きいのは、もも先生、二番目は、Yくん、そして友だちがいっぱいです。

大きい丸の下の小さい丸は線路の上の汽車の車輪、左上の小さい丸に囲まれているのが運転手さん。めったに汽車に乗ることのない子どもたちにとって、汽車に乗ることは遠足の大きな楽しみです。「きのこ公園」へ友だちといっしょに行き、楽しくわくわくしたことが想像できます。

みかんのヘタに驚きの表情

保育園から歩いて行けるみかん山に、多いときは年間３回くらいみかん狩りに出かけます。道中、冬イチゴやどんぐりも落ちていて、秋の山々にはとても豊かな実りがあります。みかんをとっては、「ぼくの食べてみて、あまいよ」と交換して食べたり「こんなに大きいのがあった」と大きさ自慢をしたりして食べ、保育園へお土産に持って帰ります。

いろいろなみかんの絵を見てきましたが、見事なヘタの観察力に、「すごい、こんな感じやったね」。手の先に二本の指 !! 皮をむいたという体験が描かれています。先生 (左上) も友だちも大きな口を開けています。友だちと先生、いっしょが楽しいようすも伝わる感動の一枚です。

みかん山に行く途中

みかん山に、友だちと「すすめ山賊」や「森から森へ」を歌いながら登っています。途中に冬いちごがあってとって食べました。(左真ん中)

真ん中上の丸の塊はみかんの木、丸の中はみかん。丸の外の丸はみかんの葉っぱです。 右には、もうみかんをとっている子どももいます。頭足人と、おなかのある人 (描きはじめは、おへそもよく出てくる) があらわれ、楽しさの伝わる絵です。

2 4歳児クラス（4歳〜5歳11カ月ごろ）の描く活動

仲間を意識し、自分に気づく4歳児クラス

「○○ちゃんみたいに、一緒にやってみよう」と、仲間を意識して、一緒にやり遂げることに喜びと達成感を感じますが、その反面「できる、できない」「○○ちゃんよりできるけど、○○ちゃんには負ける」と、自分の位置を客観的に感じられるようになります（大小の他に中がわかる）。他者と自分を比べ「○○ちゃんのようにじょうずに描けない」と描くことに自信を失う子どもが現れたときは、「まねっこする子はかしこい子！」と模倣から糸口を見つけることも一つの方法です。生活や遊びの中で、一人ひとりの「キラッと輝くところ」を見つけて、クラス全体に広めて伝えることで、子どもは自信を持ち、生活面だけでなく、絵を描くときでもいきいきと表現ができるようになります。

見立て・つもり、ごっこ遊びの世界で、どっぷりと遊べるこの時期にも、子どもが絵にこめた思いをしっかり受け止め、絵（イメージや形）の内容を聴きだし、共感して

プール開きに、かっぱさんが「かっぱ五箇条」と「かっぱすなっく」を持ってきてくれた。

いくことが重要です。それを、絵日誌の発表などで仲間と見せ合い、部屋に掲示することで、憧れる気持ちも育てられます。

「じょうずだね」という褒め言葉だけでは、納得してくれないのもこの時期です。どこがどうじょうずなのか具体的に褒めることが大切です。やみくもに、「何描いたの？」などと言おうものなら、「見てわからんが？」と思われてしまい、子どもが描いた絵の思いや形が伝わらなかったことで不快な表情をされることもあります。

4歳児クラスになると、聴き方と褒め方にコツがあります。一緒に楽しい体験をしている保育者であれば、何を描いたのか想像もつきやすく、少しまちがえても許してもらえるという特権があります。また、保育者が隣に座らなくても、クラス全員でいっせいに描き、あとで一人ひとりにお話を聴くことができます。（グラビア描画風景⑨⑩）

ひとつの絵にさまざまな場面が現れる

4歳児クラスの描画は羅列的で、カタログ期と呼ばれる、スーパーのチラシのように、いろいろな絵が時間や空間と関係なく並べられた表現がみられます。それから少しずつ、一場面を捉えた構成のある絵へと変わっていきます。一つの場面に体

「運動会綱引きの応援に、カラス天狗がきた」子どもたちは、天狗とカラス天狗が大好きで、空想の世界をよく描いた。

4歳児クラス実践例

験したことをまとめて表し、基底線表現も現れはじめます。それはまるで「絵の話し言葉」そのもので、昨日、今日、明日や、大中小といった「三つの世界」へと思考が進んでいることが関連しています。「展開表現」(10ページ⑬)や「太陽は上のしるし」(10ページ⑭)などの表現によって、空間も構成しはじめます。

絵の具や筆を使った造形活動もします。タンポ筆を使った描画はそれまでに経験をしていますが、筆と多色の絵の具を使って描くのには少し注意が必要です。混色してしまったり、いっせいに描くと筆を取り合ったり、水加減も難しいからです。一つのカップに一つの筆と決め、使ったら「筆のお引越しは、なしよ」と、元のカップに戻すことを約束して、見守りながら描かせます。

手仕事としては、テープゴマや、風船で張り子の面などを作ります。広告を巻いて剣を作り、折り紙で座布団折り、手裏剣、節分の豆を入れる三方なども折れるようになります。飾るためのものより、使えるもの、作って遊べるものをよく作りました。

テープゴマ作りのようす。

「みんな違ってみんないい描画」を目指して

春は異年齢の子どもたちと一緒に、山菜採りや、川遊びに出かけます。頭足人でいきいきとその体験を描いていた子どもたちが、夏を前にして「友だちみたいに描けない」「どうやって描くが？」「今日は描きたくない」と言ったり、ドレスにリボン、文字や数字、キャラクターを描くようになりました。

そんなときは、「まねっこしたらいい」「まねっこする子は賢い子」と簡単に考えていたのですが、そんなに簡単にはすまない子どもたちの心の中を、「Aちゃんより走るがはやいけど、Bちゃんよりおそい」というつぶやきや、一冊の本を力ずくで奪い合い、泣きながらあきらめる姿、保育者に「これでいい？」と確かめないと次に進めない姿などから気づきました。

子どもたちは、友だちと遊んでいる中で自己主張し、けんかをしながら育ってはいるが、保育者や身近なおとなに安心を求めていると感じられたのです。4歳児は、単に3歳と5歳の通過点ではないのです。16年ぶり2回目の4歳児の担任となった私は、子どもの持つ悩みを理解しなければと痛感しました。

伝え合える仲間関係へ

私がある子どもに「おやつの時間だと、みんなに伝えてあげて」というと、「わかっちゅうって言うけど、ぜんぜんはいってこん」。また、「水筒忘れちゅうって教えたら、知っちゅうって偉そうに言われた」など、いいあげ（つげぐち）も多く見られました。絵を描いていても、「みんとって」「まねせんとって」と隠したり、描いている場所をかえたりする子どもも出てきました。

しかし、みんなで『でた！　かっぱおやじ』（安曇幸子・伊野緑・吉田裕子作／絵）の絵本の世界でイメージを共有して、夕涼み会を楽しみ、プールで友だちどうし「うきうきかっぱ（伏し浮き泳ぎ）」を教えあい、全員が楽しくできるようになり、運動会で鉄棒の前回りや天狗ゲタを一緒に挑戦していくうちに、仲間関係にも変化が現れ始めました。「一緒に描こう」と机を並べて友だちどうしで教えあいながら、「大雨の日のカエル」や「花火大会の絵」を描くようになりました。その教えあう描画の経験を重ねるうちに、「かきたくない」という子どもはいなくなりました。生活の中でも、「帽子をわすれちょったき、教えちゃったら、『教えてくれてありがとう』って言ってくれた」とか「走るのが一番遅いき、今日も練習するき、見よってよ」など、前向きに育つ姿に、私は何度も元気をもらうことがありました。子どもたちは、一つひとつできること

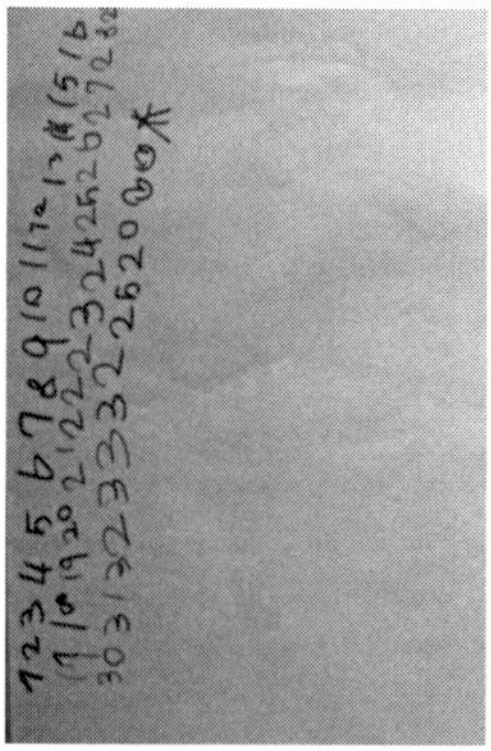

Ｙくんの数字の絵（上）が、仲間との関わりで変化していく。下は、Ｙくんが描いた焼き芋パーティの絵。

が増えて自信がつくと、教えてあげられる喜びや、まねされるだけの価値があると感じ、まねをされることにも喜びを感じるようになっていきました。

9月に入園してきたYくんが数字を隅っこに描いたとき、「数もお勉強しているんだね」と声をかけましたが、仲間と遊ぶうち、2カ月後には、だんだん思いのこもった絵へと変化しました。絵に自信のなかったMちゃんが画面いっぱいに描けるようになったり、漫画やお姫様、ハートでいっぱいだったNちゃんは、自分なりの言いたいことがあらわれる絵を描くようになったりと変わっていきました。（95ページ「キャラクターも描きたい」参照）

まねっこすることは、きっかけ

仲間どうしの響きあいがあっても、人の絵をまねっこすることはきっかけで、ゴールではありません。私は「もっとここに、まねっこしてこんなのも描きや！」とは言いたくないし、その子どもなりの表現を真摯に受けとめているか、余計なアドバイスをしていないかと悩むこともありました。4歳児クラスの描画について、「形をまねることはできるが、本来表現したいことを見失って、緻密な落書きになってはならない」という新見先生の発言が、私を戒めています。

（2015年76号子どもと美術掲載より）

Column

1枚の絵から

【4歳児】ぼくが教えちゃお。「描けない」時期を乗り越える友だちの力

Kちゃんと、Eちゃんは大の仲良し。プールでもぐり方を教えると、先生が教えてもダメだったのに、ちびっこ先生のEちゃんはじょうずにやる気にしてしまいます。

高知に被害をもたらした豪雨があった夏の日、子どもたちは雨上がりに園庭でカエルと遊びました。特に、男の子はカエルが大好きです。

その日、おえかき当番だった2人は、カエルと遊んだことを描こうとしました。「ぼく、描けん」「だいじょうぶ。僕が教えちゃお」と並んで描き始めました。

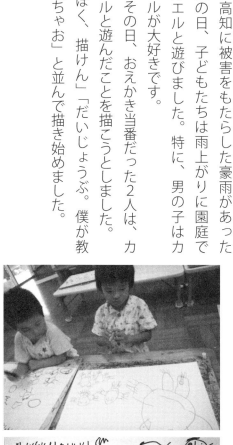

キャラクターも描きたい

形をまねて描き始めるこのころは、女の子を中心に、お人形さんのような絵や、ハート、星、リボンをいっぱい描くようになります。生活画を描き続けていると、子どもたちは遊びの絵と保育園で描く絵と区別し、使い分けます。

キャラクターは魅力的ですが、保育がそれに負けないくらい魅力的でありたいものです。

プール開きの絵だが、みんな水着のはずなのに、ハートのドレスを着ている。かっぱの姿も見える（右上）。

芋ほりの絵。もう、ドレスはいない。友だちと楽しそうに芋を掘っているところにカラスがいたずらにきている。

3 5歳児クラス（5歳〜6歳11カ月ごろ）の描く活動

3つの世界の認識へ

5歳児クラスの子どもたちは、自然の中での体験、伝統文化・行事、物語の世界・空想の世界を絵によって表すことができるようになってきます。画面の統一ができて、基底線表現も複雑になり、絵を見たら何を描いているのか伝わるようになります。この段階でも、話を聴き共感して「絵について語らせる」ことをていねいにしていくことが大切です。

それがやがて、話し言葉から書き言葉（作文）へとつながっていくといわれています。主体的な活動、イメージを共有できる体験、仲間とのつながりなどの基盤があり「みんなでやったら楽しい」「がんばったらできた」という体験が、「もっとしたい」という気持ちにつながり、子どもたちはもっともっとうまく描きたくなってきます。

年長組になると、一人が横向きの姿を描き始めると他の子どもへと広がっていきます。私は絵がうまくないので、子どもの描き方にただ感心して、絵を掲示して「この横顔すごいね」と褒めます。この横顔の表現がはじまることと、大中小や昨日、今日、明日がわかる3つの世界の認識とは関係があるといわれています。

響きあう仲間関係があれば、まねをし合い、さらに自分にしかできない表現を友だちに教えたがります。模倣では終わらず、自分なりの表現へとみんなが変わっていきます。褒めどころや気づかせ方は、感じたままそのつどピンポイントで言うことが大事です。うまくいけばどんどん表現が変わるので、指導者の役割は大きいのだと思います。

仲間関係を基盤にして多様に表現活動ができる

「絵日誌」「絵日記」の実践では、表現したくてたまらないことや感動したことを、仲間やおとなに伝えることができます。

私の担任していたクラスでは、3、4人の当番チームがさまざまな当番活動をしていましたが、その中に「おえかき当番」もあり、当番にあたると、ひとり1枚好きな絵を描き、みんなに発表します。週に一回くらい順番が回ってくるので、毎週全員が発表できます。そこでどの子も主人公になれるということです。

絵の具での色づけもします。とても魅力的で、子どもたちの大好きな活動です。また、共同画を描く実践もしてきました。友だちとイメージを共有して、話し合い分担して仕上げていくと、達成感も何倍にもなるようです。

また、手仕事は、生活を彩る重要な働きを持っています。子

コマ大会の絵。正面、横顔、後姿の3つの姿が描かれている。

どもたちが指先を駆使して作る喜びと、それを使って遊ぶ楽しさを満喫できる課題や、難しいことに挑戦し達成できる課題を工夫します。劇遊びをもとにした共同画、共同制作なども、達成することで自信をつけることのできる課題です。

乳児クラスは「つぶやきノート」という連絡帳があり、毎日の記録の交換を保護者としていました。幼児クラスになると、子どもが直接親に伝えることも大切にしたいと思い、年間60〜90通の「くらすだより」を発行し、一日のようすや伝達事項を知らせ、それをもとに親子で会話を深められるようにしました。

子どもからは聞くことのできない情報が得られるのはもちろん、大きな行事のときには返信欄があり、保護者の感想なども知らせられ、保護者はとても喜んでくれました。パソコンで作ることもたまにありましたが、ほとんどがお昼寝のあいだに手書きで書いたものでした。

たとえば、春の散歩で私の家の近くにイタドリ採りに行き、子どもたちが描いたイタドリの絵や「わが家の犬」の絵を載せたり、オズの国から届いた手紙を載せたり、「運動会にドラマあり」と、マストのぼりや竹馬のエピソードを絵と共に伝えたり、節分での鬼退治までのよう

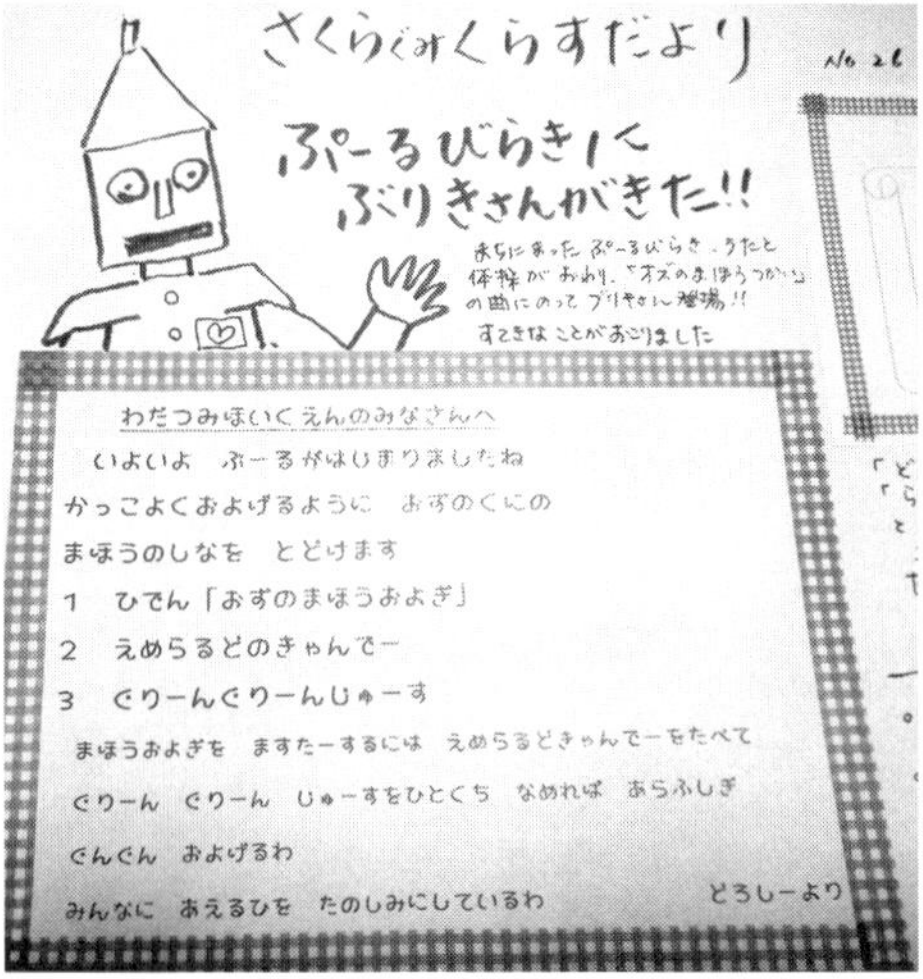

返信は、ほぼ100%。保護者のみなさんは、とても協力的。

すや、鬼の予想図を載せるなど、体験を共有できるようにしました。

子どもの育ちが絵に表れたときには、その保護者を部屋に呼んで話をしたり、お迎えにくるのを待ち構えて伝えました。クラス懇談会が年に2回あったのですが、絵を掲示して、どの絵も子どもの現在の最高傑作であることを伝えました。

5歳児クラス　実践例①

スチレン版画での表現

「うわー！　芸術やね、先生！」とKくん。「ほんと、すてきやね！」と私。「みせて、みせて」と近くにいた子どもたちが集まり版画を囲みました。

「Iくんのも、すごくよくなると思うで。こするのを手伝っちゃおき」と友だちに言われて、「先生、インクの色もう少し黒くしてみてよ」と、自分の作品の色を決めていきます。スチレン板に鉛筆で絵を描いて、ローラーで版画インクを塗り、紙をかぶせてバレンでこすります。うっすらと描いたものが透けて見えます。版画インクを混色して色の変化

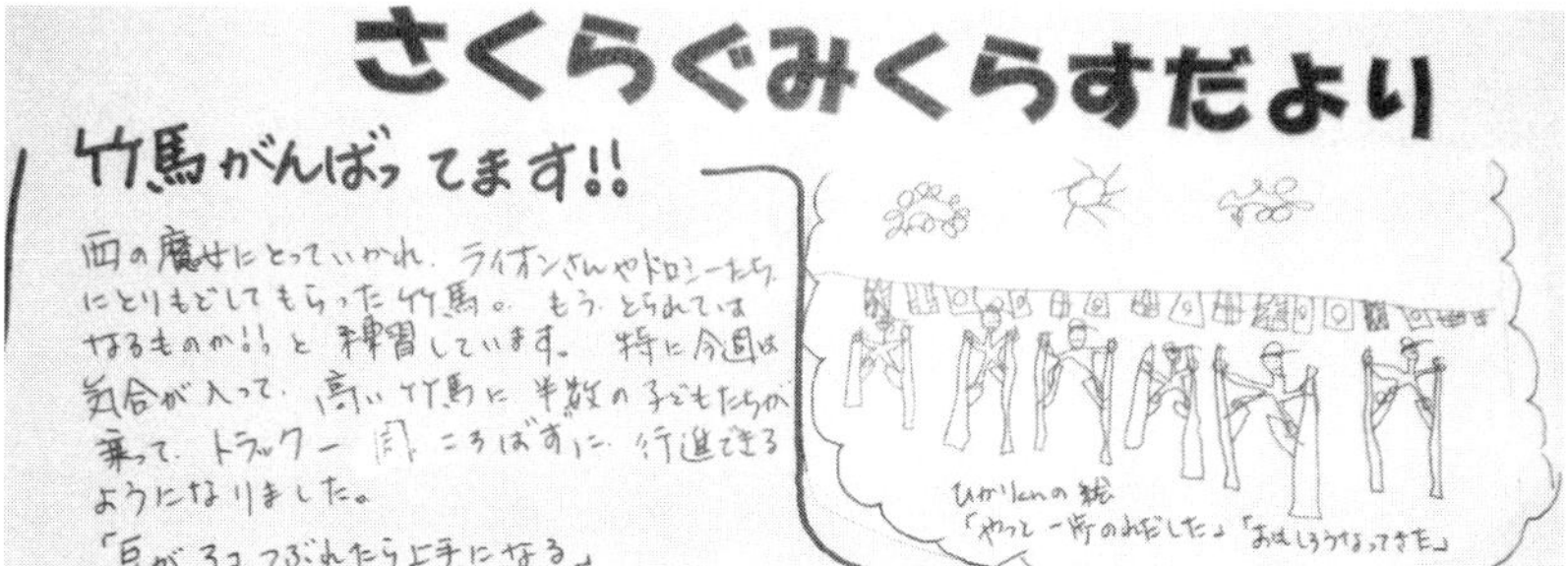
さくらぐみくらすだより

竹馬がんばってます!!

西の魔女にとっていかれ、ライオンさんやドロシーたちにとりもどしてもらった竹馬。もう、とられてはなるものか!!と練習しています。特に今週は気合が入って、高い竹馬に半数の子どもたちが乗って、トラック一周ころばずに行進できるようになりました。

「豆が3コつぶれたら上手になる」

も楽しみながら、お気に入りの一枚が次々にできていき、感動がひろがります。4月に小さいハンコを作った経験から、スチレン板に描く力加減にも慣れている子どもたちです。感動の一瞬は、その紙をそーっとはがすときです。子どもは「うわーっ!」と言ったり、びっくりした顔になって、キラッと輝きます。

線描きのシンプルさに、サプライズがプラスされて、子どもの絵がいい感じになるのがとても好きです。このスチレン版画は、一年間描きためた絵をまとめた画集の表紙にしました。画集に描かれていたのは、一年間の行事や散歩の思い出の絵、将来の夢などでした。

共同画を描ける力

就学を控えた1月になると、チームのリーダーを中心に子どもたちだけで朝の人数を調べ、時計を見て給食の配膳をし、掃除をし、生活を主体的につくっていけるようになります。だれもがリーダーになれる力をつけるのもこのころです。チームごとに相談して「チームの看板」とも言える共同画を描きました。チームごとに絵の構成と分担を決めて、力を合わせて仕上げます。描く力に差があっても、役割分担の中で、まねたり、習ったり、得意なと

「龍の子太郎」のスチレン版画

ころだけを描き、色をつけて、あっという間に仕上がりました。

この活動が「森は生きている」の劇を成功させた後に製作したタイル画（グラビア参照）の下絵へとつながっていきました。「森は生きている」の劇で自分が演じた役を中心に、それぞれが描いた絵を持ち寄って、みんなで山やたきび、木の位置、ソリと風の舞うようすなどを描いて下絵を作りました。カーボン紙で、コンパネ板に絵を写してタイルを配置し、ボンドで貼っていきました。砕いたタイルをはめ込んで気長な作業が続きましたが、その分、達成感のある制作でした。

（2007年度子どもと美術掲載より）

5歳児クラス　実践例②

5歳児の豊かな表現と色彩について

「近くは緑だけど、遠くの山は青いね」と、山並みを見ていた女の子が言いました。5歳児クラスの秋、紅葉や銀杏の木々を見ながら杉や桧の針葉樹林のあいだを抜けて、みかん山に

タイル画の下絵になった共同画

登ったときのことでした。そのころ、固形絵の具での彩色を始めていました。彩色した経験があるから、気づき観察し、描くことを前提にした見方ができるのでしょう。

4月に担任になったとき、はじめに描いた絵では、16人中4人が頭足人表現で、お人形さんにハートやリボンの絵が多く、目を赤く大きく塗りつぶしたとても悲しそうな顔や、まねをしてやっと小さくお人形さんを描く子どもの姿がありました。

できるだけ毎日絵を描けるように、1日に3～4人が「おえかき当番」をするようにしました。

保育園の周りは自然がいっぱいで、4月のお弁当の日に「かっぱの池」に向かい、山を登ること1時間。ワラビやゼンマイ、イタドリがある中、梨の花が咲く山の頂上の池にたどり着きました。子どもたちはかっぱのために、大好物のキュウリを用意していたので、池に供えました。また、かっぱが喜ぶ「かっぱ体操」を踊りました。すると子どもたちが梨園に行っているあいだに、かっぱからお返しで、きれいな八重桜の枝が置いてありました。

また、川遊び・泥田遊びでは、おたまじゃくしやカエル、アメンボ、カニ、魚を捕まえました。このような自然体験を積み重ね、ファンタジーの世界で遊ぶうちに、描く絵がどんどん変わってい

かっぱさんにきゅうりもっていってきたよ。

きました。
5月の運動会にむけた自転車乗り、毎日の雑巾がけやリズム、絵本の読み聞かせ、太鼓の練習、プール遊びなどの生活の何気ない1ページが、毎日の絵日誌として綴られました。10月の運動会のころには、全員が抵抗なく、体験や思いを描けるようになっていきました。

色づけのはじまり

5月の母の日、お母さんの絵を白い紙に油性のマーカーで描いて、顔を固形絵の具で彩色しました。顔は、肌に近い色を選んでぬりましたが、一人だけ青くぬった子どもがいました。その母の絵には、胴がなく、顔から足がでていました。友だちの絵を見てその違いに気づき、「もう一回描いていい?」と聞いてきました。2回目の絵には、胴があり、肌の色も薄いベージュを選びました。描き方を教えても本人が納得しないと意味がなく、周りを見て自分で「気づく」ことは大切です。

次に、紙のこいのぼりのうろこを彩色しました。一つのコップに一つの筆、「筆のお引越しは、なしよ」と約束をしました。すると、

こいのぼりに色をぬる。不織布に図柄が描かれたものに、水性ペンキで塗る。「筆のお引越しはなし」が約束事である。

色も濁らずはみ出さないでぬることができました。

はがき大の絵に色鉛筆でぬり、タンポ筆を使ってポスターカラーで描き、色水あそびなどをする中で、色に対しての認識を深めていきました。

線描画での表現が豊かになればなるほど、ぬる作業も大変になってきます。せっかくの絵が、色付けで台無しになることは、子どもにも私にもつらいことです。部分的な色づけは、色鉛筆や固形絵の具で経験していましたが、全体を彩色することにはとてもためらいました。5歳児にそれが必要なのか、集中力があるのか……と。

しかし、「遠くの山は青いね」「黄色い葉っぱや赤い葉っぱがあったさ、こんなにぬってみた」とお話で伝え合うことができていたので、思い切って描いた絵に彩色することを全員でやってみることにしました。

一人ひとりに道具を用意して、詳しく用具の準備、筆の使い方、水加減などを指導。混色は楽しいけれど、三色まで。試し紙にぬってティッシュで抑えて紙に色が残らないくらいの水加減。筆は一番風呂から二番風呂に入れてから、タオルに色がつかなければきれいになっているよ……など、細かい指示と約束をしました。

最初に全員で色付けをしたのは、「お祭りの天狗の絵」でした。薄い色でぬるので失敗してもふき取れます。失敗をした子どもがいたら、そこに全員を集めて「こんなときは、こうすればいいね」と話し伝えました。「失敗は成功の元」を合言葉に、ぬることが大好きになっていきました。

「色をぬったら、命がはいるみたいやね」「山は、〇〇ちゃんみたいなぬりかたがいいね」「なみなみぬりを考えたき、見て」と言いながら楽しみました。

その後、子どもたちは「若い月たちの歌」の共同画や、紙芝居などの共同制作へと意欲的に取り組んでいきました。（グラビラ参照）

手作りアルバムの絵

卒園を前にして、卒園記念品として保育園から卒園児にプレゼントするのが、一年間の思い出がつまった手作りアルバムです。写真や、イラストカットやコメントは保育士が夜なべで貼って作ります。表紙の絵は子どもたちが描きます。表紙の絵のテーマは、保育園で楽しかったこと、好きだったことです。描くのが12月なので、ドッチボールやサッカー、野球などの遊びや、物語の絵、クリスマスの絵などさまざまです。油性のマーカーで描き、固形絵の具で色をつけていきます。それを加工してもらい、アルバムが完成します。

クリスマスの風景を描いた、「手づくりアルバム」の表紙（右）。秋の薪取り、焼き芋パーティ、白倉神社の天狗との力比べなどのようすの写真を貼ったページ（左）。

5歳児クラス　実践例③

「森は生きている」　劇遊びから共同制作へ

12月のこと、2月末の「ひなまつりかい」（生活発表会）に発表する劇を何にするのかを話し合いました。その年のテーマは「オズの魔法使い」で、オズの世界で一年間遊んできました。オズに関するいろいろな本を読み、ブリキさんやライオンさん、ドロシーちゃんたちに力をもらって過ごしてきたので、まずは、「オズの魔法使い」がいいという意見がでました。

もう一つは、「森は生きている」という意見でした。この物語も読み聞かせは何度もしていました。そして林光さんの「森は生きている」のミュージカルの曲は、私が大好きで、春から歌っていました。「指輪の呪文」のリズム運動をするのも大好きでした。

司会のNちゃんが、「どちらがいいのか多数決で決めます」というと、7対7にわかれて手が挙がりました。「じゃあ、いいと思った理由をきいてみて」と私。

オズの魔法使い派は、「だって、今年のテーマやも」「楽しいし、おもしろそう」「なりたい役がある。ライオンさんがしたい」などの意見がでました。

一方、森は生きている派は、「歌が大好き」「お姉ちゃんもやったことがあってやりたかった」「12月の神様など、なりたい役がある」などでした。みんなの意見が出たときに、司会のNちゃんが、「もも先生は、どっちにしたいが？」と聞いてきたのです。しばらく考えて私は、「『オズ』は、今までやってきたし、音楽とか劇の台本とかあるので、きっとうまくできると思います。みんなが力を合わせて魔女と戦ってオズの国にいくのは、さくら組のみんなとぴったりだしいいと思います。『森は生きている』は6年前にやりましたが、長いお話で主役のセリフが多いし、嫌われる役、意地悪な役、おもしろがられて笑われる役があります。一人で歌う場面もあるし、先生のピアノも難しいので、相当がんばらないとできないと思います」と本当の気持ちを話しました。私自身も本当に、五分五分で選びかねていました。

するとAちゃんがすくっと立ち上がって「さくら組は、心をひとつにしてがんばってきたろう？　だから難しいことをみんなで力を合わせて大成功させたい。『森は生きている』にしようや！　ねっみんな！」と言ったのです。

「うん！　そうしよう」という声があがり、多数決をとると全員一致で決まりました。

そんないきさつがあったので、Aちゃんは率先して「意地悪なまま母」の役に決まり、恥ずかしがり屋のRちゃんが「主役のマルーシカをやる」と宣言。博士の役だけは、私が推薦して歌が得意なTくんになり、女王陛下は明るくて踊りがじょうず、ドレス大好きなMちゃんと、あっという間にすべての役が決まりました。

劇の小道具、大道具、舞台のバックの絵などの制作をしていく中で、「若い月たちのうた」の曲のときはどんな風景かな？　という話になりました。

その風景のイメージを共有して話し合いをしながら分担し、油性ペンで描き、色を決めてぬるという作業をしました。描くチームでアイディアを出し合わなければなりません。そのときのようすは、お互いを理解して主張したり譲り合ったりすることを楽しんでいるように見えました。

この過程で「若い月たちのうた」の共同画が生まれました（グラビア5歳児の集大成①）。焚き火、たきぎ、そり、森の絵の裏に女王陛下の部屋の絵を描いた屏風、待雪草などの道具を一つずつ仕上げると、子どもたちの中から自主的に、道具の移動などの道具係りや、「こうやったら？」と考える演出家も登場しました。

「衣装を着てその気になる」ということは大いにあるので、衣装は早めに用意していきました。衣装作りの好きな私は、夜なべをして少しずつ作っては子どもに渡しました。気に入ってなかなか脱がない姿もほほえましかったです。

月の神様は12人いるので、役者が足りないことに気づいて、一人二役ではや着替えをすることに。自分の着替えを大道具の後ろに隠し、手早く脱いで着替えるのです。幕を閉める、幕の前で演じる、音楽はこんな感じでいいねと話し合い、セリフはその場で考えてしゃべり、それを私が記

録して作り上げました。

劇の練習では、なかなか最後まで行き着かず、よく途中で時間切れになってしまいました。最後までとおしてできた日に、心配していた主役のRちゃんは、私に抱きついて泣き出しました。「先生、うまくできそうでよかった」と。

はりきって迎えた本番当日、Aちゃんは体調不良でしたが見事に嫌われ役を好演し、ミュージカルのように楽しんで演じることができました。お客さんにも喜んでもらい、笑顔と拍手をもらい、子どもたちも閉じた幕の後ろで大喜びしました。「みんなの心を一つにして大成功やったね」と自信をつけました。

劇は大成功　そして、紙芝居づくりへ

劇の成功のあと、紙芝居づくりを子どもたちに提案しました。まず、自分が演じた役を紙粘土で作りました。そして、紙版画を作る過程では、身体の構造を確かめ合いました。次に、どの場面を担当するのかを話し合い、友だちと力を合わせて主張と譲り合いの心のさじ加減をしながら作りました。

まず、油性マーカーで紙芝居用の用紙に描いていきます。「マルーシカはどんな色の服

紙粘土で『森は生きている』の一場面を作った共同作品。

やった？」「女王様は髪の毛何色？」と全部の場面に統一性があるように伝え合いながら描きました。「これは何時ごろやと思う？」「雪は降っているのかな？」など、背景についても考えました。「指輪があったときは、うれしい色にしよう」と感情も色で表そうとしていました。「たき火は○○君がじょうずやき、ぬってもらおう」と力を貸し合っていました。お互いを信頼し、認め合う心の育ちを感じました。

仕上がった紙芝居は卒園記念品となり、お別れ遠足のバスの中では保護者の方々に、お別れ会では在園児に披露されました。

もりはいきている

2+2=

Column

1枚の絵から

【5歳児】

4月の絵は頭足人だったのですが、心身の成長とともに絵の表現が変わっていった例です。「白倉神社の花とり踊りと天狗さん」を描くころには、「やればできる」経験の積み重ねと仲間との関係で絵が変化しています。もちろん絵を描くことも大好きになっていました。

4月の絵

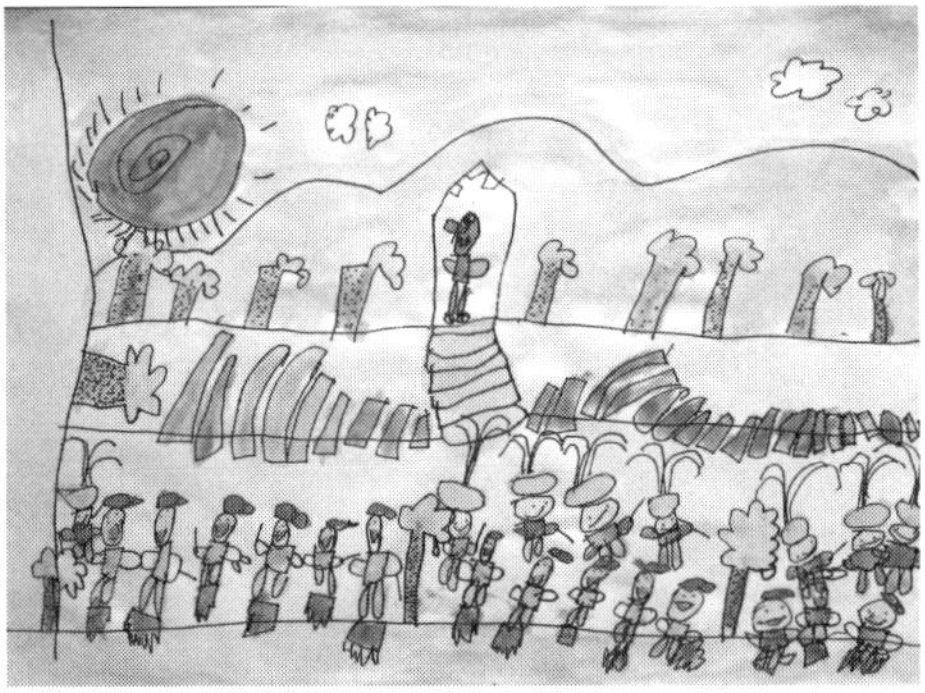

剣を持って花とり踊りをしている。僕はここにすわっちゅうが。そのときちょっとこわかった。天狗が僕を捕まえにくるかと思った。じゃんけん勝負をしたかったけどできんかった。

4月の絵

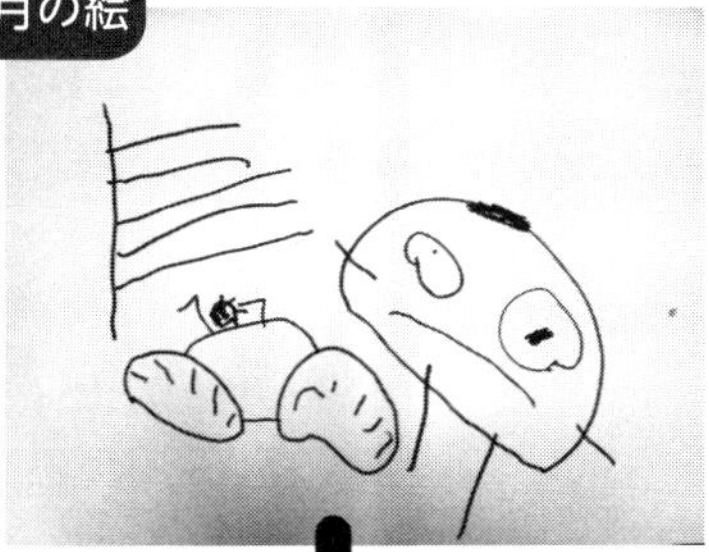

みんなで花とり踊りをみていました。僕は「かっこいい、やりたい」と思いました。天狗がみよってこわかったけど、力をもらえると思って、勇気を出して握手してもらいました。

4月の絵

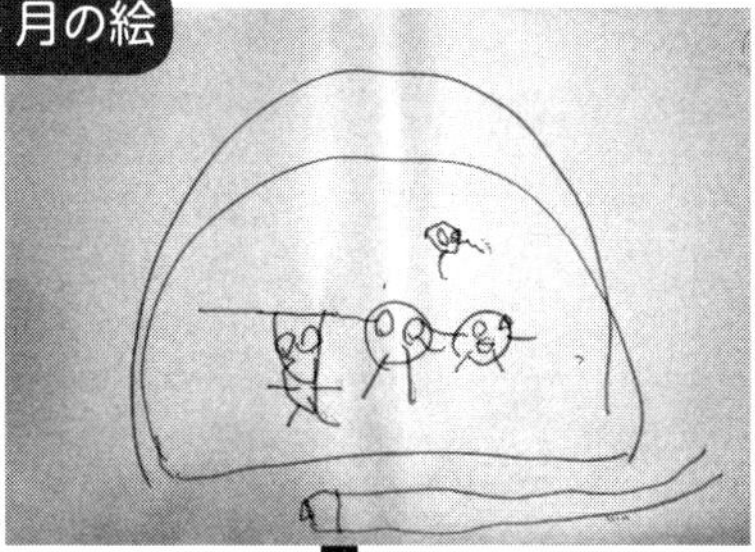

A 君も手を出しちょったけど、僕が最初に手をだして握手してもらった。先生が連れて行かれたき、僕が助けた。どっからか勇気がわいてきた。

4月の絵

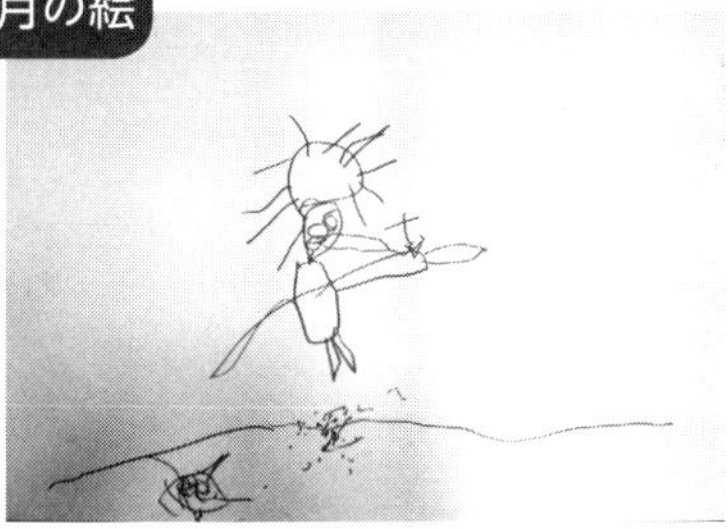

11 月 僕は、川で遊ぶのが楽しい。オニヤンマもおったしカニもとったよね。

一日でも変わる

子ども自身が「気づく」と絵は一日でも変わります。

母の日にお母さんの顔を青にぬったエピソードでもわかるように、こちらが教えて「やらせ」をしても、本当に認識力が育っていないと、また同じことをくり返します。

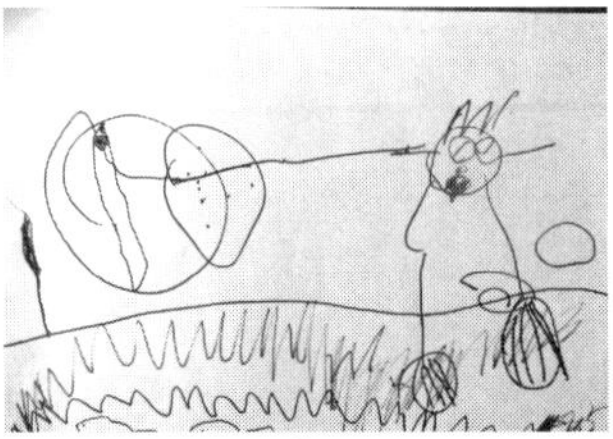

「先生、僕の絵を友だちが、ヘタって言うた」と悲しそうに寄ってきた子どもに、「じゃあ、描きなおしてみる？」と言い見守ると、ていねいに描くことができた例。

プールで泳いだ絵をささっと描いて持ってきたとき、「太鼓がじょうずだから、もっとていねいにゆっくりと太鼓の絵を描いてみて」とリクエストしたときの絵。

第4章　仲間と育つ心と絵

～きらりとひかるエピソード

1　Aちゃんのマストのぼり

もう一週間以上、マストのしたにしがみついているAちゃん。土曜日も来て練習しているのに登れない。軽度の肥満と言われていて体重のハンデもあります。

「私、登れんかもしれん、こんなに練習しゆうに（しているのに）」

股のあいだは真っ赤になっています。長いズボンをはいてきたときは、「先生、体操服のズボンを貸して！」と着替えて挑みました。

「土曜日に練習して、トトまで（半分）登れたで」と喜び、少しうれしそうでした。

朝の会のとき、「BちゃんやCくんみたいに、するするとマストに登りたいです」と言うと、「BちゃんやCくん、Aちゃんをよろしく」と私も応援を頼みました。

「どうしてCくんはするする、やもりみたいに登れるようになったろうか？」とみんなに聞いてみると、わたしの隣にいたAちゃんが「やせちゅうきやない？」とつぶやきました。体重より、努力が勝つ！はまぼろしか……「がんばれ！」。

赤と白にわかれて、マストのぼり対決リレーをするも、Aちゃんは、登れない。それを見ていたMちゃんが、耳元に来て「手伝っちゃってもいい？」と聞いてきたので、「いいよ」と言うと登れないAちゃんのところに赤組の仲間も一緒に行き、重たい身体を押し上げました。

その後の練習でCくんが「足はこうやってマストをはさむがで、力をいれてはさまんといかん」と手で押さえて教えてくれ、Bちゃんが手の位置がお顔のところでしがみついたほうがいい、Aちゃんは上にいきすぎちゅう（いきすぎている）と実際に登って教えてくれ、身体を触って応援してくれました。

私は「白組のマストより、赤組の方が太いき、そっちでやってみたら？　いっぱい練習したら腕がつかれるき、お昼寝のあとがおすすめで」と、午後のチャンスに期待を込めました。

畑を耕していた私のところに、いつもはお昼寝から起きるのが遅いAちゃんが、さっと体操服に着替えて呼びにきました。「赤組のマストでやってみる」と登っていると、4〜5人の子どもたちと保育士たちが集まって応援します。いろいろなアドバイスと応援を受けて、少しずつ登っていくAちゃん。

トトのマークをすぎ、ブリキかかしのマークをクリアーして、ライオンを過ぎて、ドロシーのマーク（てっぺん）まで登りきると、まわりのみんなも大歓声で大喜び！

「よかったね」「うん、Aがんばったもん」。おやつのときにジュースで乾杯をすると、「まあまあ、どうもどうも、ありがと」と照れていたAちゃんでした。

しかし、次の練習では、また登れない。その次も、友だちに押し上げてもらいました（下図）。

「Aちゃん、大丈夫？」と私。「練習するしかないでしょう」とAちゃん。「本番には、登りたいでね」「やるっきゃないでしょ。私、がんばる」と筋肉もりもりポーズでおどけてみせてくれました。まだまだAちゃんのがんばりは続きました。

赤白対抗の練習の日、Aちゃんはやっと登れたけれど、赤組は負けました。そのとき、寡黙なリーダーC君（するするやもりみたいに登れる）は、つぶやきました。「赤は負けたけど、Aちゃんが登れただけで、じゅうぶんや」と。

運動会の本番は見事登ることができ、子どもの優しさとあきらめない気持ちに感動しました。

「マストにのぼりたい。友だちが助けてくれてうれしかった。朝ラーメン食べてきたき、重かった。明日はおにぎりにする」

2 先生が泣いた

この絵はRちゃんが描いた絵で、右上で私が感動して泣いているところを描いています。

練習ではマストに登れていた子どもが、その日は登れずに何度も挑戦していました。見かねた白組のRちゃんたちは助けにいきました。しかし、悔しかったその子どもは、「触らんとって（触らないで）」と言いました。何度やっても落ちてくるので、また助けようとします。でもまた触るなと怒ります。今度は、何度もくり返し「がんばれ！　がんばれ！」と白組全員の声での応援に切り替えました。やっと登れたのですが、相手の気持ちを思い最後まで応援を続ける子どもたちの優しさに心打たれて涙が止まりませんでした。Rちゃんは、その場面を描いています。大きくて太いマストに、「ここまでのぼろう」とオズの魔法使いの登場人物のシールを貼っていたので、それも描いています。

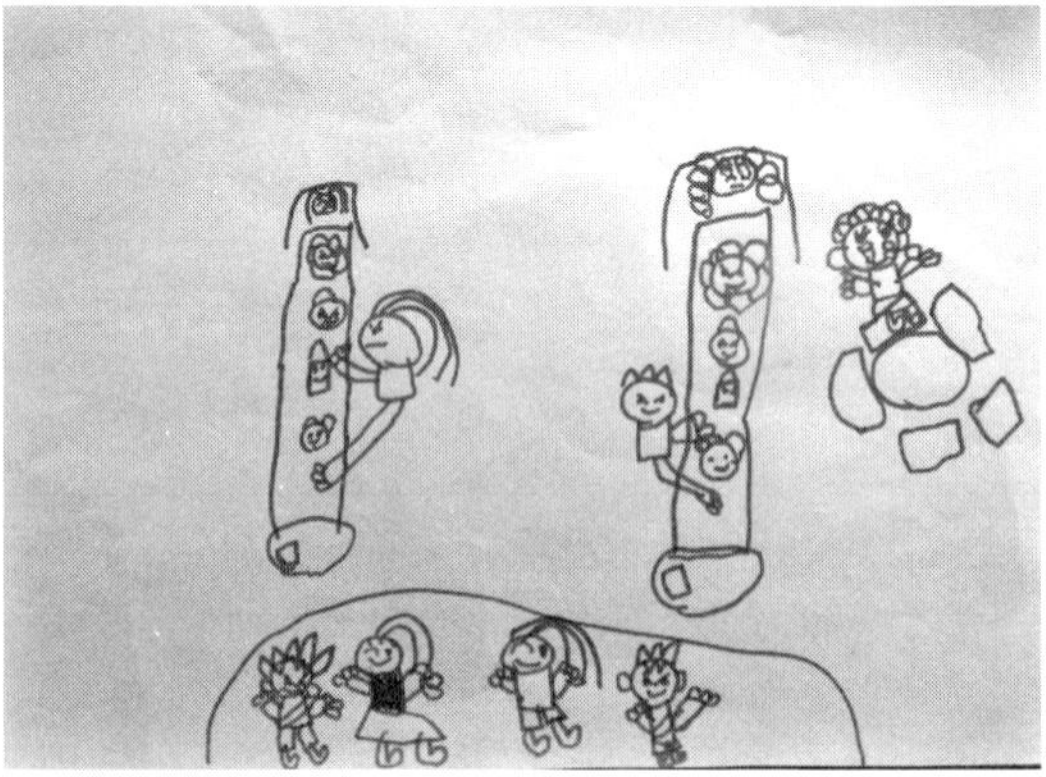

右上の丸テーブルのイスに座って涙を流しているのが私。

3 マストに、登れんかとおもってた

近くの小学校の運動会の総合練習でかけっこをさせてもらいました。その時、2年生がマストのぼりをしていて、子どもたちも刺激を受け、帰ってから練習をしていました。登れないのは、白組に2人、赤組に1人となっていました。3人とも半分くらいは以前から登っていました。「がんばれー!」と応援を受けて、白組2人は登りきりました。それをおやつのときに報告すると、一人だけ登れないので泣き出したAちゃん。Aちゃんは高所恐怖症なのです。赤も白も関係なく「だいじょうぶで、絶対登れるき、力をあげるき」と励ましました。

昨日も今日も練習して「先生、マストに登れる夢をみた」と教えてくれるAちゃん。私は「それは正夢で、今日は登れる!でも夢では怖くなかったが?」「うん、上をみよったけど、ちょっとこわかった」とのこと。「先生がおしりのところをさわっちょくき(さわっておくから)、がんばってみる?」と言うと、お昼寝の後、ぐんぐん登れました。降りてくると「どうしよう、うれ

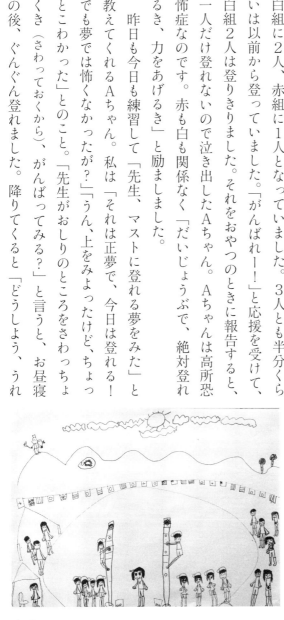

しい涙が出てきた」と抱きついて泣いて喜び合いました。「本当に登れた。うれしい、登れんかとおもいよったき、めっちゃうれしい」と、何度も言い、友だちも「よかったね、よかったね」と喜んでくれました。

4 涙の竹馬乗り

運動会もあと1カ月をきったころ、低い竹馬に慣れてきたので、園庭を一周回ることにしました。いろいろな高さの竹馬があるなか、すごく高い竹馬に乗って自信満々で歩く子どももいます。ゴール地点で待っていると、乗り終わった子どもが私のところに駆け寄ってきました。

「先生、Sちゃんがなきゆう（泣いている）」

「えっ！　どこか、けがした？」

「ちがう、高い竹馬で落ちずにのれたき、うれしいの涙やって」

「あーよかったね。でもどうしてか聴いてあげたあなたがすごい！」とハグしたことでした。

その子はやっと乗れはじめた日、「先生、あのね、自分がのれたら、ちびっこ先生になっておしえちゃれる（教えてやれる）がで」と、友だちにもやさしく教えてあげていました。「あのね、先生、竹馬できてよかったけど、それよりみんなに喜ばれることがうれしいがよ」「そうか、本当に先生もうれしかった」と話しました。

そんなエピソードがあり、ビニールテープで虹色に巻かれた高さが60センチくらいの竹馬を「なみだの竹馬」と名付け、この高さをクリアーできたら、1メートル近い高さの竹馬になってもだいじょうぶという暗黙の了解のもと、子どもたちは練習に挑みました。

ある年の年長クラスでは、竹馬にまったく興味を示さなかった女の子が挑戦をし始めたので、「どうして竹馬の練習をやろうと思ったの？」と聞くと、「頭に炎がついた」と返ってきました。そしてその炎を「友だちにわけてあげる！」と、竹馬を教えていました。

またあるときは、低い竹馬でたくさん練習をして乗るのが楽しくなったころに、竹馬の高さを少しあげると、平気で乗る子どもがいました。その子は、「低いのでいっぱい練習したら高いのでも簡単」と友だちに教えてあげていました。

認められる喜びと「できるようになったら、人に教えてあげられる」ということが、子ども心にどう響いているかを目の当たりにして、仲間関係のすばらしさに心を打たれました。

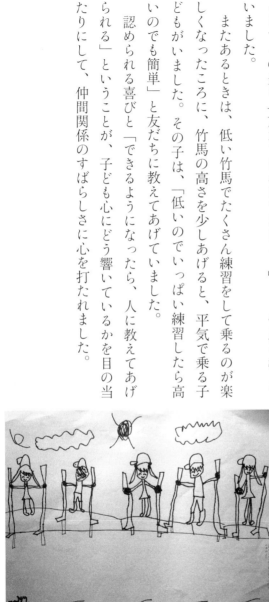

5 リーダーなのに……

4月、昼の雑巾がけのとき、NとMが文句を言いながら雑巾がけとござ敷き、布団敷きをしていました。「Aちゃんはリーダーなのに、ぜんぜんしてくれん」と2人が私に直訴してきました。その後、クラス全員で話し合いをすることになりました。まずは、当番の2人（NとM）がAちゃんに対して文句を言います。「2人は、Aちゃんをさそった？」と聞くと、「それは、言ってない」と答えます。

私「先生がAちゃんに言ったら、『なんでせないかんが、この部屋で遊びたいがやき』と言うたがよ。何回も、『なんでぞうきんがけをせないかんがよ』と言うき、先生は、もうAちゃんにはたのまん、せんでもいいって言うた」
Hくん「Aちゃん。リーダーはみんなに教えちゃる、いちばん偉い人ながで」
私「当番は大変やろうか、みんな無理？」
子どもたち「当番の仕事は、さっさとすむやんか」
私「Aちゃんだけ、お当番しない人になってもいいが？　何が嫌やった？」
Aちゃん「先生が、『もうせんでもいい』っていうたがが嫌やった」

私「そりゃあ、先生も言いすぎたね。ごめんね」

「Kくん、どう思う?」とふだんはおとなしい男の子に聞くと、「あのね、お仕事が嫌やったらね、おとなになったらね、いいもの買えないがでってお父さんが言うた。今から練習したらいいで」

その言葉でみんなが納得した雰囲気にがらっと変わりました。

Oちゃんが「Aちゃん、がんばれ!」と励まし、みんなも「がんばって」と応援しました。Aちゃんも「今度から、がんばるき」と、私のところに抱っこにきました。

なぜ当番をしないといけないか、どうしてこの人をリーダーにしたのか。チームを決めるのも、リーダーを選ぶのも話し合い、納得をしながら仲間関係を深めます。リーダーという響きはあこがれに満ちています。リーダーになってから子どもがしっかりして、「肩書きが人をつくる」のだと感じることがあります。

自分がリーダーになりたくても「まだなったことがない人にさせてあげる」と当番を譲り、進んでサポートにまわる子どももいます。秋のお店屋さんごっこのころには、「リーダーになり

「朝、当番が雑巾がけをしているとこ。みんなはならんで先生と歌を歌っている」テラスでは、雑巾を洗い、しぼっている姿もある。「すきまなくふかないといかんでね」

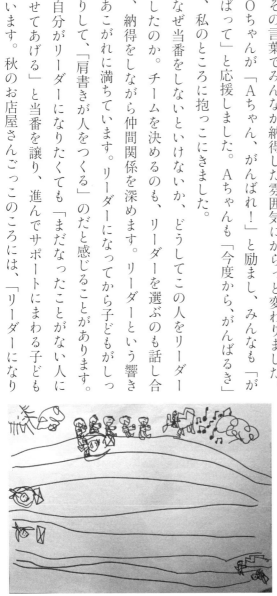

たい人」と聞くと、「自分はリーダーにふさわしい」と全員が手を挙げるようになっていきました。それは自信を持てた姿だと思っています。

6 かけっこで負けても笑って走れるのはなぜ？

かけっこのとき、二人組になってと声をかけると、勝てそうな相手を選んで手をつなごうとします。けん制し合ってなかなかペアが誕生しないときもあります。練習のときは、いろいろな相手と競うことで自分の力を客観的に感じていきます。そして挑んでいくのです。しかし、どうしても一人はだれにも勝てない子どもができます。その子どもの気持ちに、本当に共感できていなかったことに気づかされる出来事がありました。

その日のリレーでも彼女は、一生けんめい走っているのですが、追い抜かれてしまいました。お昼ごはんを食べながら、聞いてみました。

「ねぇ、かけっこで負けても、リレーで追い抜かれても、いつもがんばれるのはどうしてなの？」

こんな失礼な質問に、笑って答えてくれました。

ぼくアンカーやった。リーダーやき。

「先生、走るのって楽しいがで。リレーは追い抜かれても最後まで走ったら、チームのだれかが追い抜いてくれるかもしれんろう？　だからあきらめたらいかん」。子どもは本来、走るのが楽しいのだそうです。はじめて一歩歩いた日、家族中で喜びます。その家族の顔をみて、また赤ちゃんは歩きます。とても誇らしげに。他者との比較以前に、風をきって走ることもそれと同じくらいうれしくて楽しいのだそうです。年長組になると、仲間を頼り、頼られ信頼する気持ちも育つということを、彼女に教えられました。

7 Rくんの分析

Rくんは自転車に乗る練習も「今日はやめちょく」と言い、竹馬やマストのぼりも気が向かないと練習しません。赤白リレーでは、自分のチームが負けていたら走らないという、自分の気持ちに正直な男の子です。私とRくんは、彼が生後3カ月からのつきあいで、3回目の担任です。絵は年長組で出会ってからも、彼にやる気を出してもらおうと、あらゆる手を使ってきました。絵は得意でおもしろい表現をするので、友だちからも「絵心がある」と、一目おかれていました。

ある秋の日の私とRくんのつぶやきです。貸し出し絵本の棚を一緒に片付けてくれていたときのことです。

「この棚には、本を置かないでって、いつも言いゆうのに、そんなに難しいろうか？」と私。「難しくないと思うで」と、Rくん。「そうでね。もも先生そんなに難しいこと言わんでね」と言うと「うん、言わんで。難しいことは言わんけど、先生の言うことを、ちょっとずつしよったら（していたら）、難しいことも簡単にできるようになっちゅう（なっている）がよ」。こんな心理学者のような分析をしてもらいました。Rくんが、それまでに私の指導でできるようになったことを、そんなふうに分析していたことに、とても励まされました。

　美術教育を進める会の全国大会でこの話をすると、成田孝先生（鹿児島国際大学教授）が、「ヴィゴツキーの発達の最近接領域を思い出した」と言ってくださり、さらに、「子どもたちは手を伸ばしてやっと届くくらいの難しいことが大好きで、そんな課題を与えることが必要」とヴィゴツキーの話とともに教えてくれました。ヴィゴツキーは、子どもたちは発達過程において、親や保育者、友だちから教えてもらったことや、まねっこして新しい課題や制作に取り組んでできる（達成）ようになっていくが、とてつもなく難しい領域（課題）と、自分の持てる力で簡単にできる領域（課題）の間に、誰かの力や援助、ヒントをもらって達成できる

みかん狩りに行ったときのRくんの絵。雷様も空で見ている。みかんをとる横顔や2個も手に持って喜んでいる姿が描かれている。

領域（発達の最近接領域）が必ずある、と語っていると聴きました。

こうした実践を裏づけしてくださる存在が、現場を励ましてくれることはまちがいないです。研究する者と実践する者との関係は、相互に励ましあい、子どもたちの「今」への具体的な手立てを探っていくものと思います。

8 名指揮者誕生秘話

運動会もあと一週間と迫った日、私が体調不良で鼓隊の指揮ができないので、曲をかけて子どもたちの配置や担当の太鼓の確認をしていました。

思い思いの遊びをしていた子どもたちが集まってきて、「先生、練習してもいい？」と聞いてきたのです。「いいよ」というと、太鼓を用意して並びはじめました。

廊下に出て、大太鼓の用意を手伝っていると、部屋の太鼓の音がすごくそろっているのでのぞいてみると、Kちゃんが指揮をしていたのです。

その指揮にあわせて、声を出して一生けんめい演奏する子どもたち。

「すごい！　ちょっとお客さんになってもう一回聴きたいけどいい？」と私。

「いいよ、Kちゃんすごくじょうずやき、子どもだけでだいじょうぶ。もも先生は、ゆっくり休んでいいで」と、言ってもらいました。

そのきれのよい、身体中でリズムをとり指揮をする姿、子どもたち全員が成功させようとKちゃんを信頼している姿に「負けた！」と思った私は、運動会本番も指揮はKちゃんにお願いしたいと、子どもたちに相談しました。もちろん「そうしよう」ということになりました。保育者主導ではなく、子どもに頼り、任せることができることに喜びを感じたと同時に、期待以上のことをする子どもの力に改めて驚かされました。保育の中には、「事実は小説よりも奇なり」があふれているのです。

Kちゃんは、年中クラスからの持ち上がりで担任していました。鉄棒の前回り、プールでもぐること、マストのぼりなど、人一倍努力をして、友だちに応援されて最後にできるようになるという体験をしてきました。「やればできる」の自信と、きらっとひかる活躍の場を自ら見つける主体性は、そんな体験から生まれたのでしょう。私は、「夢中になる活動は、気持ちの揺れやぎこちなさをのみ込んでいく可能性を持つ」という言葉を思いだしました。

これまで保育をしていく上で、一人ひとりの成長の節目に、「どうしてこうなったか」を考えるよう意識してきました。「なんとなく育った」では、次に生かせないからです。次世代の保育者に経験を伝えるためにも、原因、きっかけを話し合う勉強会に、これからも参加し続けたいと思うのです。

Kちゃんの表現

「私とCちゃんが前で踊るが」。遠近法を使って描く。

「かけっこ、必死ではしりゆう」。躍動感あふれる表現。

「カエルジャンプ」
Yくんや、ももせんせいと、川遊びに行ったとき、Khちゃんの帽子にカエルがとまって、「ぴょん」ととんだとき、さっとNちゃんがつかまえた。あれ、おかしかったでね。おたまじゃくしもつかまえたね。また行きたいね。

9「さくらぐみ　びじゅつかん」へようこそ

秋。いもほり、薪取り、焼き芋パーティ、みかん狩り、秋の神祭、お店屋さんごっこ……と数々の行事を経て、絵の表現も充実してきました。そこで「入場券を作って美術館ごっこをしよう！」という発案があり、ポスターとチケットを作って、保育園のみんなを「さくらぐみ　びじゅつかん」に招待しました。

受付係の子どもは、チケットの半券をハサミで切って、「ごゆっくり観てください」と言います。中ではさくらぐみの子どもたちが、2～4歳児クラスの子どもたちと先生たちに、絵の説明もしてくれます。

保育士には「ほめ方のコツ」（注意書き）を知らせて、子どもたちの今後のために協力を求めました。あとで年長組の子どもたちに聞くと、保育士に褒められるのもさることながら、小さいクラスの子どもたちから褒められたことをとても喜んでいました。「これだれが描いたの、すごいじょうず！」「どうやって描いたの？」などの質問にていねいに答えていました。これが、憧れられる幸せでしょうか。

自分が描く活動に取り組むことは、すぐにできます。しかし、そのすばらしさによって子ども

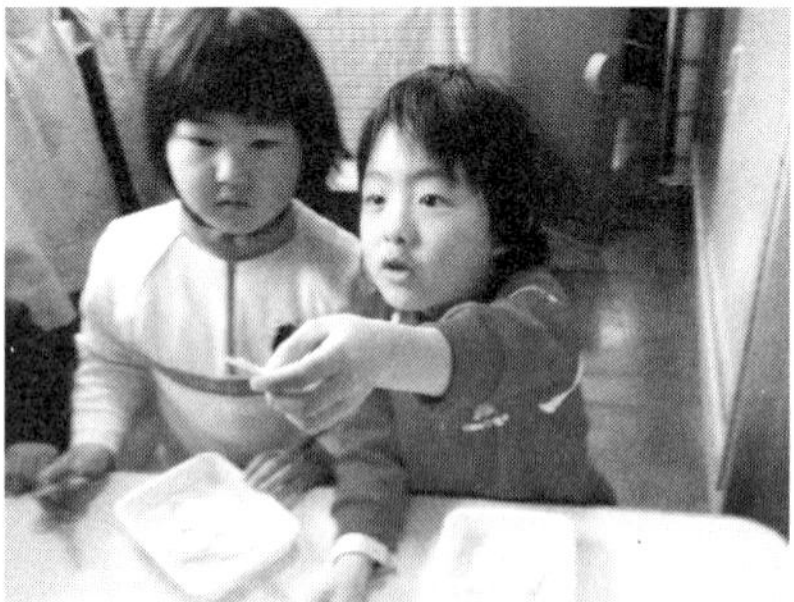

招待券の半券を切って、渡す年長児。

が「どう育っているのか」をわかってもらい、保育園全体に広めていくためには、職員集団への働きかけ、保護者への伝え合いが必要不可欠です。子ども、職員集団、保護者の三者が響きあい、わかり合えることこそが大切です。

職員にくばった注意書き。

さくらぐみびじゅつかん
本日開催
「お願い」
①なるべくたくさんのこどもに声をかけてあげてください。
②ほめるときは「すごい」「じょうず」のまえに「この○○の描き方がいい」「この○○の色使いがいい」などと具体的に子どもに伝わる言葉で褒めてあげてください。
皆さんの励ましが、これからの意欲につながります。
一言が、こどもたちの心に響きます。

あとがき

今年のお正月に年賀状が届きました。ある不運な出来事がきっかけで退職をした私に、「あけましておめでとうございます。もも先生がやめたと、ななちゃんと、ともくんにゆったら(言ったら)ないていいました。わたしもなきました」と書いた年賀状でした。あいちゃんからでした。心遣いがうれしくて、私も泣きました。

今、小学3年生の彼女たちのクラス14名は、3回（3年）担任をしたこともあり、この本にも私の保育士人生にも、大きく関わっています。そして全員、快く絵や写真を載せることを了解してくれ、励ましてくれたり、楽しみにしてくれたり、喜んでくれたりしています。子どもたちにとって私のいる保育園は「ふるさとだったのかな?」と思います。この3年間で、14人は文中の「絵は作文の前段階である」を裏づけるように、高知の子ども県展、絵画部門で推薦や特選を、作文で小砂丘賞の優秀や最優秀を文集「やまもも」に掲載されるなどの活躍をしています。これはまだプロローグにすぎないと思います。

来年成人式の2002年に担任をした子どもたちに電話をすると「先生お元気ですか?」と気遣う言葉をかけてくれるほど、おとなになりました。2007年担任の中学2年生、思春期まっただ中の子どもたちに連絡を取ると、「絵や写真をつかっていい?」「いいよ」と子どもの声、「今も絵が大好きで素直に育ってくれています」とお母さんからメッセージをもらいました。たのもしく育った子どもたちに再会できたことは、想定外のプレゼントでした。「第二のママ」としてみんなの未来がますます楽しみになりました。多くの保護者の方々のご協力で保育をしてこられたことを、ありがたく感謝しています。

ある年の節分の前、赤鬼の服を来て車で山に行き、保育園の子どもたちに手を振るという役をしました。「力をつけないと大変だ！」と奮起してもらうためです。その帰り、人気のない山で車を脱輪させてしまいました。赤鬼のはずが、顔面が青くなりました。少しすると軽トラが通り、親切なおじさんが助けてくれました。他にも「田んぼで遊んでいいよ」「たけのこ堀りに来て」と言ってくださり、「たけのこほり会場」と毛筆で書いた大きな立て札で迎えてくれたおじいちゃん、おばあちゃん。地域の方々のご協力があり、豊かな自然の中で、豊かな活動ができました。

今回、実践をまとめていて、その瞬間の絵やお話、子どもたちのつぶやきを記録して本当によかったと思います。自己肯定感を持てなかった「過去の自分」のようになってほしくないという思いで「子どもたちに自己肯定感、愛され感を！」と保育し、子どもたちと歩んできました。私は今回、保護者のみなさま、子どもたちからの熱いメッセージで、少し自己肯定感を持てるようになりました。私の成長過程での記録は、今の自分の励ましにもなり、財産になりました。絵も文章も得意でない私が「本を出したい」と思えたのです。まさに「伝える喜びは育てるもの」のおとな版です。

美術教育を進める会の高知サークルで毎月例会を積み重ね、ともに学んだ吉良純子さんと門田雅人さん、三輪輝久さんはじめサークルのみなさん、美術教育を進める会全国事務局の宮川義弘さん、鳥取の森田清子さん、小学校、中学校、高校とのつながりの意見を文章で寄せて下さった立命館高校の柏倉俊一さん、ご支援をありがとうございました。高知の保育運動連絡会のみなさん、南国サークル「やまもも」のみなさんと、憧れ尊敬する久武玲子先生、鳥居昭美先生と奥様の淑子先生と出会えたこと、導き支えていただいたことでずいぶん勇気づけられました。ファンタジーの世界のある保育をともに創りあげた同じ職場のみなさん、全国大会へ何度も一緒に行った市川育実さん、苦楽をともに保育し、わが子たち4人の大切な時期を担任していただいた横畠美和先生、西村みどり先生のお人柄には、何度も助けられました。今年保育士2年目の長女の愛梨紗、文章のまちがい探しや新米保育士としての意見と応援をありがとう。

出版社を紹介してくださり、手紙のやり取り、会での温かいお言葉とご指導をしてくださった新見俊昌先生、本当にありがとうございました。先生との出会いと、著書『子どもの発達と描く活動　保育・障がい児教育の現場のメッセージ』は、私のバイブルであり、時には指針、時には実践の裏づけとなり励まされました。

鹿児島国際大学の成田孝先生、本の執筆を勧めてくださり、アドバイスをたくさんいただきありがとうございました。

最後になりましたが、出版社のみなさま、皆川ともえさん、何もわからない私にていねいなご指導をありがとうございました。
多くの実践を学ぶことで、私たちは見通しと目標ができます。描く活動をはじめ、保育内容が実践者と研究者のあいだで科学されて、さらに保育者たちが学びやすく、育ちやすく、やりがいとなることを願っています。そして、私が書いたこの本が、だれかをどこかで勇気づけることができたならば幸いです。これからもともに学ぶ場があります。「本を読みました」と声をお掛けください。興味を持たれた方は、私を呼んで下さい。子どもたちの「絵のお話」をいっぱい聴いてご意見を下さい。保育者、教育者、保護者のみなさん。明るい未来のために、「おえかき大好き」な子どもたちでいっぱいにしましょう。

２０１６年　春　中山　ももこ

中山ももこ（本名　中山桃子）

1964年、高知県生まれ。高知学園短期大学幼児教育科卒業。保育士として約26年勤める。保育園に就職後、美術教育を進める会と出会い、描画活動の重要性を知る。現在、絵を聴く保育アドバイザーとして講演、講座を全国で開催中。

ホームページ／
http://momo-co-creation.fem.jp/

協力／社会福祉法人 おひさま 海津見保育園

組版・装丁／本堂やよい

絵を聴く保育
自己肯定感を育む描画活動

2016年7月30日　初版発行
2019年7月10日　第3刷発行

著　者—© 中山ももこ
発行者—竹村 正治
発行所—株式会社かもがわ出版
〒602-8119　京都市上京区出水通堀川西入亀屋町321
営業　TEL：075-432-2868　FAX：075-432-2869
振替　01010-5-12436
編集　TEL：075-432-2934　FAX：075-417-2114

印刷—シナノ書籍印刷株式会社

ISBN　978-4-7803-0844-0　C0037